Wiersze
i rymowanki polskie

klasyczne wiersze   rymowanki   piosenki dla dzieci

SBM
WYDAWNICTWO

Wiersze i rymowanki polskie

klasyczne wiersze   rymowanki   piosenki dla dzieci

SBM
WYDAWNICTWO

WYLICZANKI, RYMOWANKI

ŚLIMAK

Ślimak, ślimak, wystaw rogi,
dam ci sera na pierogi,
jak nie sera, to kapusty
– od kapusty będziesz tłusty.

MAM CHUSTECZKĘ HAFTOWANĄ

Mam chusteczkę haftowaną, wszystkie cztery rogi,
kogo kocham, kogo lubię, rzucę mu pod nogi.
Tej nie kocham, tej nie lubię, tej nie pocałuję,
a chusteczkę haftowaną tobie podaruję.

STARY NIEDŹWIEDŹ

Stary niedźwiedź mocno śpi,
My się go boimy,
Na palcach chodzimy,
Jak się zbudzi, to nas zje.
Pierwsza godzina – niedźwiedź śpi
Druga godzina – niedźwiedź chrapie
Trzecia godzina – niedźwiedź łapie!

PANIE JANIE

Panie Janie! Panie Janie!
Rano wstań! Rano wstań!
Wszystkie dzwony biją,
Wszystkie dzwony biją.
Bim, bam, bom, bim, bam, bom.

MAŁO NAS

Mało nas, mało nas
Do pieczenia chleba,
Tylko nam, tylko nam
Ciebie tu potrzeba!

Dużo nas, dużo nas
Do pieczenia chleba,
Więc już nam, więc już nam
Ciebie tu nie trzeba!

JEDZIE POCIĄG Z DALEKA

Jedzie pociąg z daleka,
na nikogo nie czeka,
Konduktorze łaskawy,
zabierz nas do Warszawy!

STOI RÓŻYCZKA

Stoi różyczka
w czerwonym wieńcu,
my się kłaniamy
jako książęciu.
Ty różyczko dobrze wiesz,
dobrze wiesz, dobrze wiesz,
kogo kochasz, tego bierz,
tego bierz.

POSZŁO DZIEWCZĘ PO ZIELE

Poszło dziewczę po ziele,
Po ziele, po ziele,
nazbierało niewiele
niewiele, bęc.
Przyszedł do niej braciszek,
połamał jej koszyczek.
Oj ty ty, oj ty ty, za koszyczek zapłać mi.
Oj ty ty, oj ty ty, za koszyczek zapłać mi.

PRACZKI

Tu lewą mam rączkę, a tu prawą mam,
jak praczki pracują pokażę ja wam:
Tak piorą, tak piorą
przez cały boży dzień.
Wieszają, wieszają
przez cały boży dzień.
Maglują, maglują
przez cały boży dzień.
Prasują, prasują
przez cały boży dzień.

Nie chcę cię znać

Nie chcę cię, nie chcę cię, nie chcę cię znać,
chodź do mnie, chodź do mnie, rączkę mi dać,
prawą mi daj, lewą mi daj
i już się na mnie nie gniewaj,
prawą mi daj, lewą mi daj
i już się na mnie nie gniewaj.

Jawor, jawor

Jawor, jawor,
Jaworowi ludzie,
Co wy tu robicie?
Budujemy mosty
Dla pana starosty.
Tysiąc koni przepuszczamy,
A jednego zatrzymamy.

Siedzi anioł w niebie

Siedzi anioł w niebie
Pisze list do ciebie.
Jakim atramentem on pisze?
Jak go masz, to mi zaraz go pokaż.

Na wysokiej górze

Na wysokiej górze
rosło drzewo duże,
nazywało się:
apli papli biten blau.
Kto tego nie powtórzy,
ten smacznie będzie spał!

IDZIE MYSZKA DO BRACISZKA

Idzie myszka do braciszka.
Tu wskoczyła, tu się skryła.

KOMINIARZ

Idzie kominiarz
po drabinie...
Fiku, miku
już jest
w kominie.

IDZIE RAK

Idzie rak
nieborak.
Czasem – naprzód,
czasem – wspak.
Gdy ugryzie,
będzie znak.

Tak pan jedzie po obiedzie

Tak pan jedzie po obiedzie,
sługa za nim ze śniadaniem.
Tak pan, tak pan, tak pan,
Tak sługa, tak sługa, tak sługa.

Jedzie, jedzie pan

Jedzie, jedzie pan, pan,
Na koniku sam, sam,
A za panem chłop, chłop,
Na koniku hop, hop!
Kamienie, kamienie – dół!
Jedzie, jedzie pan, pan
Jedzie – jedzie sam, sam,
Jedzie – jedzie piasek, piasek,
Jedzie – jedzie kamienie, kamienie,
Jedzie – jedzie, a tu dziura!

Deszczyk pada, słońce świeci

Deszczyk pada, słońce świeci,
czarownica masło kleci.
Co ukleci, wnet zajada,
myśli, że to czekolada.
Zaraz ciebie poczęstuje,
jeśli masz w dzienniku dwóje.
Masz? Wy – pa – dasz!

Ten pierwszy to dziadziuś

Ten pierwszy to dziadziuś,
A obok – babusia.
Największy to tatuś,
A przy nim mamusia.
A to jest dziecinka mała
Tralalala lalala...
A to – moja rączka cała
Tralalala lalala...

Ojciec Wirgiliusz

Ojciec Wirgiliusz
uczył dzieci swoje,
a miał ich wszystkich
sto dwadzieścia troje.
Hejże, dzieci, hejże-ha:
róbcie wszyscy to, co ja.
Hejże, dzieci, hejże-ha:
róbcie wszyscy to, co ja.

Baloniku mój malutki

Baloniku mój malutki,
rośnij duży, okrąglutki.
Balon rośnie, że aż strach,
Przebrał miarę – no i trach!

KÓŁKO GRANIASTE

Kółko graniaste,
Czworokanciaste,
Kółko nam się połamało,
Cztery grosze kosztowało,
A my wszyscy bęc!

ENTLICZEK-PENTLICZEK

Entliczek-pentliczek, czerwony stoliczek,
na kogo wypadnie, na tego bęc.

Czerwone jabłuszko upadło pod łóżko

Czerwone jabłuszko
Upadło pod łóżko,
spodobało mi się
Jasiowe serduszko.

Pałka, zapałka – dwa kije

Pałka, zapałka – dwa kije,
Kto się nie schowa, ten kryje!
Szukam, pukam i rachuję,
Kogo znajdę, zaklepuję. Bęc.

Misia, Bela

Trąf, Trąf, Misia, Bela,
Misia, Kasia, Kąfacela,
Misia a, Misia be,
Misia, Kasia, Kąface.

Ene due rabe

Ene, due, rabe,
połknął bocian żabę,
a żaba bociana,
cóż to za zamiana?

Pan Sobieski miał trzy pieski

Pan Sobieski miał trzy pieski,
czerwony, zielony, niebieski.
Raz, dwa, trzy,
po te pieski idziesz ty.

Siała baba mak

Siała baba mak,
nie wiedziała jak,
dziadek wiedział, nie powiedział,
a to było tak...
Siała baba mak,
nie wiedziała jak,
dziadek wiedział, nie powiedział,
a to było tak...

SROCZKA KASZKĘ WARZYŁA

Sroczka kaszkę warzyła,
Dzieci swoje karmiła:
Pierwszemu dała na miseczce,
drugiemu dała na łyżeczce,
trzeciemu dała w garnuszeczku,
czwartemu dała w dzbanuszeczku,
a piątemu łeb urwała
i frrrrrr... do lasu poleciała.

(opracowała Zofia Rogoszówna)

Tosi, tosi łapci

Tosi, tosi łapci, pojedziem do babci,
babcia da nam kaszki, a dziadzio okraszki.
Tosi, tosi łapci, pojedziem do babci,
babcia da pierożka i tabaczki z rożka.
Tosi, tosi łapci, pojedziem do babci,
od babci do cioci, ciocia da łakoci.
Tosi, tosi łapci, pojedziem do babci,
od babci do mamy, mama da śmietany.
Tosi, tosi łapci, pojedziem do babci,
od babci do taty, jest tam pies kudłaty.

(opracowała Zofia Rogoszówna)

Kiciu, kiciu, kiciu miła

– Kiciu, kiciu, kiciu miła,
powiedz, kiciu, gdzieś ty była?
– Miau, miau, w ogródeczku,
miau, miau, przy pieseczku.
– Kiciu, kiciu, kiciu miła,
gdzieś ty bródkę umoczyła?
– Miau, miau, w komóreczce,
miau, miau, na półeczce.
– Toś ty mleko piła z miski?
A psik, kiciu, idź na myszki!

(opracowała Zofia Rogoszówna)

Wlazł kotek na płotek

Wlazł kotek na płotek
i mruga.
Piękna to piosenka,
niedługa.
Niedługa, niekrótka,
lecz w sam raz,
a ty mi, Halusiu,
buzi dasz!

(opracowała Zofia Rogoszówna)

A-A, KOTKI DWA...

A-a, kotki dwa, szare, bure obydwa,
jeden duży, drugi mały, oba mi się spodobały.

A-a, kotki dwa, szare, bure obydwa,
nic nie będą robiły, tylko Zbysia bawiły.
A-a, kotki dwa, szare, bure obydwa,
jeden pobiegł do lasu, narobił tam hałasu.
Drugi biegał po dachu, zgubił butki ze strachu.
A-a, kotki dwa, szare, bure obydwa,
chodzą sobie po sieni, miauczą głośno: „Pieczeni!".
A-a, kotki dwa, szare bure obydwa,
biega szary, biega bury, aż obydwa czmych do dziury.

(opracowała Zofia Rogoszówna)

W SŁONECZKU

A jak będzie słońce i pogoda, słońce i pogoda,
pobiegniemy razem do ogroda,
pobiegniemy razem do ogroda.
Pobiegniemy boso, boso, boso, boso, boso, boso,
przez trawniczki operlone rosą,
przez trawniczki operlone rosą.
Będziemy zrywać białe stokroteczki, białe stokroteczki,
będziem śpiewać wesołe piosneczki,
będziem śpiewać wesołe piosneczki.

(opracowała Zofia Rogoszówna)

SKRZYPKI KASINE

Miała Kasieńka skrzypki jedwabne
i grała na nich piosenki ładne,
oj grała, śpiewała,
kiedy swoje białe gąski pasała.
Oj grała, grała i pogubiła.
– Cóż ja nieszczęsna będę robiła?
skrzypeczki, skrzypeczki,
oddajcież mi moje białe gąseczki.
Pobiegł Jasienio przez las w dolinę
i znalazł białe gąski Kasine.
– Kasieńko! Gąski masz.
Grajże teraz na skrzypeczkach, póki czas!

(opracowała Zofia Rogoszówna)

LECIAŁA OSA

Leciała osa
do psiego nosa,
pies śpi.
Leciała mucha
do psiego ucha,
pies śpi.
Leciała sroka
do psiego oka,
pies śpi.
Leciała wrona
do psiego ogona,
pies śpi.
Przeleciał kruk,
Dziobem w bok stuk,
Pies „wau!".

(opracowała Zofia Rogoszówna)

27

PTASIE WESELE

Cztery mile za Warszawką
ożenił się dudek z kawką,
wszystkie ptaki pospraszali,
tylko sowie znać nie dali.
Gdy się sowa dowiedziała,
w cztery konie przyjechała.
Siadła sobie na kominie,
zaśpiewała po łacinie.
Ptactwo w kąty się pokryło,
bo się sowy przestraszyło,
a ta siadła na przypiecku,
grać kazała po niemiecku.
Kaczka grała, gęś skakała,
a kura się dziwowała.
Drozdy, szpaki, trznadle, kszyki
w takt tańczyły do muzyki.
Pojął wróbel sowę w taniec,

hulał z nią jak opętaniec
obertusa i mazura,
aż jej urwał pół pazura.
– A ty wróblu, ty huncwocie,
tobie tańczyć z żabą w błocie!
Gdyby nie szło mi o gości,
wytrzęsłabym z ciebie kości!
– A ty sowo zatracona,
przyszłaś tutaj nieproszona,
zaraz ciebie wyrzucimy,
na gałęzi powiesimy.
Wszystkie ptaki się porwały,
sowę z izby precz wygnały.
– Siedźże sobie w domu sama,
tyś nie sowa, ale dama.

(opracowała Zofia Rogoszówna)

MARIA KONOPNICKA

Co słonko widziało

Cały dzionek słonko
Po niebie chodziło;
Czego nie widziało!
Na co nie patrzyło!
Widziało nasz domek,
Jak się budzi rankiem,
Jak Magda na pole
Niesie mleko dzbankiem...
Jak Wojtek wyciąga
Ze studni żurawia,
Jak się mały Janek
Z Wiernusiem zabawia...
Widziało, jak owczarz
Pędzi owce siwe,
Jak Antek karemu
Rozczesuje grzywę...

Widziało gołąbki,
Jak na dach nasz lecą
I trzepią w skrzydełka,
I pod zorzę świecą.
Widziało, jak Zosia
Z kluczykami chodzi,
Jak liźnie śmietany,
Choć się to nie godzi...
Widziało, jak Kuba
Pługiem w polu orze,
Jak wołki pogania,
Żeby było zboże...
Widziało pod lasem,
Jak się pasą krowy,
Jak tam pokrzykuje
Nasz ciołeczek płowy...
Widziało, jak Kasia
Biały ser ogrzewa,
Jak Stach konie poi,
A gwiżdże, a śpiewa...
Widziało, jak wszyscy
Po pracy zasiedli
I z misy głębokiej
Łyżkami barszcz jedli.

POWITANIE WIOSENKI

Leci pliszka
Spod kamyszka:
– Jak się macie, dzieci!
Już przybyła
Wiosna miła,
Już słoneczko świeci!
Poszły rzeki
W kraj daleki,
Płyną het – do morza:
A ja śpiewam,
A ja lecę.
Gdzie ta ranna zorza!

Dzień dobry

Zaszumiało nasze pole
Złotą pieśnią zbóż,
Wschodzi, wschodzi śliczne słonko
Wśród różanych zórz.
Wschodzi, wschodzi złotą drogą
Nad ten ciemny las,
A skowronek z gniazdka leci,
Piosnką budzi nas.
Dobry dzień ci, wiosko miła,
Drogi domku ty!
I wy, świeżo rozkwitnione
Pod okienkiem bzy!
Dobry dzień wam, dobrzy ludzie,
Co idziecie w świt
Z jasną kosą na ramieniu,
Miedzą wpośród żyt!
Dobry dzień wam, lasy ciemne,
Stojące we mgle,
I ty, mały skowroneczku,
Co zbudziłeś mnie!

W SZKOLE

Chłopczyk:
Ej, ty szkoło, nudna szkoło!
Wcale w tobie niewesoło.
To rozmyślasz o zabawce,
A tu siedź kamieniem w ławce
I patrz w książkę z drobnym drukiem.

Głos:
Ale brzydko być nieukiem!

Chłopczyk:
Rozwinęły się już drzewa,
Lada wróbel sobie śpiewa,
Lada motyl sobie leci,
Gdzie mu kwiatek się zakwieci,
A ty w szkole... w zimie, w lecie!

Głos:
Ale głupim źle na świecie!

Chłopczyk:
Ławka twarda, niegodziwa...
Czasem aż mnie coś podrywa,
Żeby chociaż kilka chwilek
Jak ptak bujać, jak motylek,
Żeby wybiec w łąkę, w pole...

Głos:
Próżniak, kto się nudzi w szkole!

CZYTANIE

– No, już na dziś dość biegania!
Niech tu nisko siądzie Hania.
Julcia z lalką wyżej trochę,
Na kolana wezmę Zochę,
Bo Zosieńka jeszcze mała.
No i będę wam czytała.
O czym chcecie?
– Ja chcę bajkę,
Jak to kotek palił fajkę!
– A ja chcę o szklanej górze,
Gdzie to rosną złote róże!
– A ja chcę o jędzy babie,
Co ma malowane grabie!
– A to ja chcę o tym smoku,
Co to pękł z jednego boku!
– Ejże! Co wam przyjdzie z bajki?
Czy to koty palą fajki?
Na cóż by się zdały babie
Jakieś malowane grabie?
Czy kto widział złote róże?
Czy kto był na szklanej górze?
Wszak wam wiedzieć będzie miło,
Co się u nas wydarzyło.
Posłuchajcie...
W bok Kruszwicy
Żył Piast w cudnej okolicy...
Miał synaczka...
– Wiemy! Wiemy!
– No i chcecie?
– Chcemy! Chcemy!

Stary zegar od pradziada

Stary zegar od pradziada
Nic nie robi, tylko gada...
Ledwo skończył – już zaczyna;
Co godzina – to nowina.
„Ej, wy dziatki! Czy wy wiecie,
Jak bywało niegdyś w świecie?
Jak bywało na tej ziemi
Przed latami, przed dawnymi?..
Tarcza moja, tak jak słońce,
Biła sercem szczerozłotym,
Sławnych godzin sta, tysiące
Wydzwoniłem moim młotem.
Miałem w piersi głos ogromny:
Grałem marsze i mazurki,
I polonez wiekopomny
O tym królu, co bił Turki.
Dziś mi nikt już nie poradzi,
Z wiatrem poszło moje zdrowie.
Zapytajcie tylko dziadzi,
To on resztę wam opowie".
Stary zegar mruczy w ciszy,
Zgięta skrzypi w nim sprężyna,
Ledwo idzie, ledwo dyszy,
Przecież znowu bić zaczyna.

Co mówi zegar

Na nic figle, na nic psoty
Od samego rana!
Dalej, żwawo do roboty,
Laleczko kochana!
Słyszysz, jak to zegar stary
Gderze na kominku?
Wiesz, co mówi?... Kto próżnuje,
Ten niewart spoczynku!
Słuchaj tylko, jak to gada:
– Tik-tak! Tik-tak – dzieci!
Nie marnujcie żadnej chwilki,
Póki wiosna świeci!
Kto chce słodkie jeść jagody,
Niech grządkę opiele!
Pójdź, przyniesiemy kwiatkom wody.
Wyrwiemy złe ziele!
Niechaj pracę naszą czuje
Ta ziemia kochana!
Wstyd, gdy na wsi kto próżnuje,
Dana, moja dana!

O CZYM PTASZEK ŚPIEWA

A wiecie wy, dzieci,
O czym ptaszek śpiewa,
Kiedy wiosną leci
Między nasze drzewa?
Oj, śpiewa on wtedy
Piosenkę radosną:
„Przeminęły biedy,
Gaj się okrył wiosną!"
Oj, śpiewa on sobie
Z tej wielkiej uciechy,
Że do gniazda wraca,
Do swej miłej strzechy.
Latał on za góry,
Latał on za morza...
Za nim ciężkie chmury,
Przed nim złota zorza.
Teraz się zmieniła
Pogoda na świecie;
Nasza wiosna miła
Odziała się w kwiecie...
Tak i dola nasza,
Choć nam się zasmuci,
Wróci nam z piosenką,
Z słoneczkiem nam wróci!...

NASZE KWIATY

Jeszcze śnieżek prószy,
Jeszcze chłodny ranek,
A już w cichym lesie
Zakwita sasanek.
A za nim przylaszczka
Wychyla się z pączka
I mleczem się żółtym
Złoci cała łączka.
I dłużej już dzionka,
I bliżej słoneczka...
A w polu się gwieździ
Biała stokroteczka.
A dalej fijołki,
Wskroś trawy, pod rosą,
W świeżych swych czareczkach
Woń przesłodką niosą.

A tuż ponad strugą,
Co wije się kręta.
Niezapominajka
Otwiera oczęta.
A w gaju, wśród liści,
W wilgotnej ustroni,
Konwalia bieluchna
W dzwoneczki swe dzwoni.
A wyjdziesz drożyną
Z gaiku na pole,
To spotkasz modraki,
Ostróżki, kąkole...
I maczek tam wilczy
Kraśnieje wśród żyta,
I różą krzak głogu
Na miedzy zakwita.
A ścieżką zieloną,
Co z górki zstępuje,
Srebrzysty powoik
Po świecie wędruje...
O, ziemio ty droga,
Ty Boży zielniku!
I w polach, i w łąkach
Masz kwiecia bez liku!

WIELKIE PRANIE

Przepraszamy bardzo panie,
Lecz dziś u nas wielkie pranie.
Cały sznur się w słonku suszy,
W domu nie ma żywej duszy!
Od soboty do soboty
Dość nazbiera się roboty.
To na łące zmacza rosa,
To znów plama z żółtonosa,
To śmietanka z garnka pryśnie,
To sok z siebie puszczą wiśnie...
Albo przy pieczeniu chleba,
Czy to mówić nawet trzeba,
Ile wszędzie mąki, ciasta?
Na nic każdy się zachlasta!
Nie dałabym nigdy rady,
Gdyby nie to, że sąsiady
Pomagają, jak kto może...

Niech im Pan Bóg dopomoże!
Wody da mi modra struga,
Gałąź jedna, gałąź druga
Sznur mi trzyma w cieniu drzewa,
Słonko świeci, wiatr powiewa,
Jaskółeczki mi nad głową
Szczebiotają piosnkę nową,
Kasia mydli większe plamy,
I tak sobie pomagamy.
Za to, kiedy się w niedzielę
Lalki me ubiorą czysto,
To się dziwi dziad w kościele
Razem z panem organistą.
Lecz dziś u nas duże pranie,
Przepraszamy bardzo panie!

Na zasadzce

Chłopcom zawsze bójka w głowie.
Zeszli się raz gdzieś w parowie:
Janek z trąbką i z szabelką,
Mały Kazik z pałką wielką
I Zygmuntek wystrojony
W piękny hełm z lejka zrobiony.
Wnet zaczęła się narada:
– Jak bić wroga? Jak mu szkodzić?
Sprawa tajna: nie wypada
Zbytnio o niej się rozwodzić!
Lecz w tym była trudność cała,
Której przyczyn nie dochodzę,
Że tak, jak ich trójka stała,
Wszyscy byli – sami wodze.
A żołnierze?... Co żołnierze!
Niech żołnierzy licho bierze!
– Ja tam będę pułkownikiem,
Nie ustąpię się przed nikiem!
– A ja będę generałem,
Bom najmniejszy w wojsku całem!

– A ja będę oficerem,
Bom wykleił hełm papierem!
Ogień w oczach, płomień w twarzy,
Nikt nie umknie i pół kroku.
Aż tu nagle się Tatarzy
Podkradają chyłkiem z boku.
– Za mną, wiara! – Janek woła. –
Dalej, naprzód! Dalej, hura! –
Ale nikt nie idzie zgoła.
„Cóż to? Czy ja podły ciura –
Myśli sobie jeden, drugi –
Żebym leciał na wysługi,
Jak tam kto zawoła byle?
Jestem sobie wódz, i tyle!"
– Co? Ty wodzem? Jeszcze czego!
– Co, ja miałbym słuchać ciebie?
– Sam potrafię, mój kolego,
Feldmarszałkiem być w potrzebie!
Jeszcze sporów nie skończyli,
Jeszcze wiodą kłótnię głupią,
Gdy Tatarzy w jednej chwili
Wpadli na nich i... już łupią!

Podróż na bocianie

Daneczkowi, choć tak mały,
Dziwnie ciasne się zdawały
Bielonego domku ściany,
Dziwnie niski dach słomiany,
Więc pomyślał: „Wiem, co zrobię,
Podróżnikiem będę sobie!"
No i poszedł. Stał nad rzeką
Domek Danka niedaleko,
A że zwykle do podróży
Jest potrzebny statek duży,
O czym łatwo z Robinsona
Każdy, kto chce, się przekona,
Więc skierował Danek kroki
Nad brzeg stromy i wysoki.
Tutaj wszakże niespodzianie
Osobliwsze miał spotkanie
Z boćkiem w własnej swej osobie,
Który trzymał kiełbia w dziobie.
Danek w prośby: – Mój bocianie,
Gdzie okrętów tu, dostanie?
– Statków nie ma tu, ni łodzi,
Ale jeśli o to chodzi,
To po dawnej znajomości
Grzbietem służę jegomości.
Tu zatrzepał w wielkie loty.
No, cóż było do roboty?
Danek skoczył jak na konia
I pomknęli het, nad błonia!
Szczerze powiem moje zdanie:
Licha podróż na bocianie!

Ledwie rzekę przelecieli,
Ledwo wioska się zabieli,
Ledwie żaby skrzekną w błocie,
Już ustaje bocian w locie
I z klekotem w trawy spada:
– Popas tutaj! Niech pan zsiada!
Bardzo jeszcze wielka łaska,
Jeśli dziobem choć zaklaska
I ostrzeże pierwej o tym,
Że popasać chce nad błotem!
Bo gdy żabie się niebodze
Zdarzy spotkać z nim na drodze,
To o jeźdźca ani pyta:
Prosto w moczar brnie, i kwita!
A cóż! Każdy ma gospodę:
Dom – kto dom, a bocian – wodę.
Sprzykrzył Danek te reduty:
Mokre nogi, mokre buty...
Gdy więc bocian krąg zatoczył,
Puścił go się, z grzbietu skoczył
I zmęczony długim lotem
Za domowym stoi płotem.

SKRUCHA JÓZI

Co to Józia tam zbroiła,
Że się tak za drzewo skryła
I oczki się podnieść wstydzi?
Myśli, że jej nikt nie widzi?
Wiem ja, wiem, co to za sprawa!
Panna była zbyt ciekawa,
Co tam mieści słoik który,
I wyjadła konfitury.
Ach, jak brzydko, jak nieładnie!
Jak na sercu jej niemiło!
Każdy teraz ją zagadnie:
„Panno Józiu! Jak to było?"
Nikt nie widział. Prawda, ale
Czyż nie zdradzą oczki, buzia?
Każdy pozna doskonale:
Konfitury zjadła Józia!
Nawet Filuś... Boże drogi!
Ten rozszczeka w całym domu.
Filuś! Filuś! Tu... do nogi!
Jak tu w oczy spojrzeć komu?...
– Wiem już! Pójdę do mamusi,
Powiem wszystko szczerze, pięknie;
Mama mi przebaczyć musi,
Bo mi z żalu serce pęknie.

Zajączek

Nasz zajączek w boru spał,
Aż tu z hukiem wypadł strzał!
Pif! paf! Pif! paf!
Aż tu z hukiem wypadł strzał!
Nasz zajączek na bok szust!
Skręcił młynka, zapadł w chrust!
Hej! ha! Hej! ha!
Skręcił młynka, zapadł w chrust!
Nasz zajączek cały drży,
A tu w boru gonią psy!
Ham! ham! Ham! ham!
A tu w boru gonią psy!
– Źle, zajączku, z tobą, źle,
Do pogrzebu szykuj się!
Bim! bam! Bim! bam!
Do pogrzebu szykuj się!
– Jeszcze mi ten miły świat,
Jeszczem sobie pożyć rad...
Myk! smyk! Myk! smyk!
I zgubiły pieski ślad!

PRZY MROWISKU

– Co to się tak rusza nisko?
– To, dziateczki, jest mrowisko.
Czyście nigdy nie widziały,
Jak ten naród żyje mały?
O, to światek jest ciekawy!
Ma on swoje ważne sprawy,
A choć drobny, tak się trudzi,
Że zawstydza dużych ludzi.
Miastem mrówek jest mrowisko,
Budują je przy pniu blisko,
By gałęzi dach zielony
W deszcz przydawał im ochrony.
Wnet tam domy i ulice
Wznoszą pilne robotnice.
Wnet budują mosty, wały –
Taki zmyślny ludek mały.
Co igliwia tam naniosą,
Co żywicy z ranną rosą,
Co wszelakiej tam zdobyczy,
Tego, dziatki, nikt nie zliczy!

Mały, duży się przykłada,
Każdy ma – gdy ma gromada –
Zyska gniazdo – każdy zyska –
Takie prawo jest mrowiska
Gdy już miasto się podniesie,
Biją drogi skroś po lesie
Jedne suchą, ciepłą porą
Na zapasy żywność biorą,
Inne – słomkę drobnej miary
Ciągną cości we trzy pary.
Czasem – w sto – dźwigają z gąszcza
Muchę, osę lub chrabąszcza.
– I poradzą?
– A poradzą!
Bo i bąkom się nie dadzą.
Jedna – nic by nie zrobiła,
Lecz mrowisko – to jest siła!
Widzicie tam tego bąka.
Jak w ostrogi złote brząka.
Jak to huczy, w bęben bije!
Jaką to ma grubą szyję!
Patrzcie! Mrówki całą rzeszą
Na obronę miasta śpieszą,
Wszystkie rzędem w jedną stronę
Różki mają nastawione.
Wszystkie zwartym idą szykiem
Za swym wodzem – naczelnikiem.
Wszystkie w jedno, co sił, mierzą.
– Zmiataj, bąku, nim uderzą!

TANIEC

Dalej raźno, dalej w koło,
Dalej wszyscy wraz!
Wszak wyskoczyć i zaśpiewać
Umie każdy z nas.
Graj nam, skrzypku, krakowiaka,
A zaś potem kujawiaka
I mazura graj!
Jak się dobrze zapocimy,
To polskiego się puścimy,
Toż to będzie raj!
Dalej raźno, dalej w koło,
Dalej wszyscy wraz!
Wszak wyskoczyć i zaśpiewać
Umie każdy z nas.

Odwiedziny

– Rżą koniki, huk na moście,
Trzask, prask z bicza! Jadą goście.
Pójdźmy, spieszmy aż do bramy!
– Jak się macie?
– Dobrze mamy!
– Tościе państwo przyjechali
Z Kociej Wólki?
– Jeszcze dalej!
Jedziem prosto aż z Zapiecka!
Tęga mila mazowiecka...
– Dalej, prędko, chleba, miodu!
Proszę państwa do ogrodu.
Tam pod lipą stoją ławki,
A na grządce są truskawki!
– Co tam słychać na Zapiecku?
– Stłukł się nosek memu dziecku!
– Co za szkoda! A znów mego
Brzuszek boli, nie wiem z czego!
– A to trzeba do doktora!
– Zaraz pójdę...
– Właśnie pora!
Tylko dziecko okryć trzeba,
Bo już słonko schodzi z nieba!

PROŚBA FILUSIA

Puść mnie, puść mnie, panno miła!
Jeszcze we mnie słaba siła.
Jeszcze w nóżkach czuję drżenie,
Jeszcze jestem małe szczenię!
Tu śniadanie czeka z dala,
Tu jeść panna nie pozwala...
Od tej całej edukacji
Już mi blisko do wariacji!
Na tom psiakiem jest na świecie,
Żebym chodził na czworaka...
Moja panno! Puść mnie przecie!
Nie róbże ze mnie cudaka!

POJEDZIEMY W CUDNY KRAJ

Patataj, patataj,
Pojedziemy w cudny kraj!
Tam, gdzie Wisła modra płynie,
Szumią zboża na równinie.
Pojedziemy, patataj,
A jak zowie się ten kraj?
A jak ciebie ktoś zapyta:
Kto ty taki, skąd ty rodem?
Mów, żeś z tego łanu żyta,
Żeś z tych łąk, co pachną miodem.
Mów, że jesteś z takiej chaty,
Co Piastowską chatą była.
Żeś z tej ziemi, której kwiaty
Gorzka rosa wykarmiła.

JABŁONKA

Jabłoneczka biała
Kwieciem się odziała;
Obiecuje nam jabłuszka,
Jak je będzie miała.
Mój wietrzyku miły,
Nie wiej z całej siły,
Nie otrącaj tego kwiecia,
Żeby jabłka były.

NASZA CZARNA JASKÓŁECZKA

Nasza czarna jaskółeczka
Przyleciała do gniazdeczka
Przez daleki kraj,
Bo w tym gniazdku się rodziła,
Bo tu jest jej strzecha miła,
Bo tu jest jej raj!
A ty, czarna jaskółeczko,
Nosisz piórka na gniazdeczko,
Ścielesz dziatkom je!
Ścielże sobie, ściel, niebogo,
Chłopcy pójdą swoją drogą,
Nie ruszą go, nie!

PORANEK

Minęła nocka, minął cień,
Słoneczko moje, dobry dzień!
Słoneczko moje kochane,
W porannych zorzach rumiane.

Minęła nocka, minął cień,
Niech się wylega w łóżku leń,
A ja raniuchno dziś wstanę,
Zobaczę słonko rumiane.

PSZCZÓŁKI

Brzęczą pszczółki nad lipiną
Pod błękitnym niebem;
Znoszą w ule miodek złoty,
Będziem go jeść z chlebem.
A wy, pszczółki pracowite,
Robotniczki boże!
Zbieracie wy miody z kwiatów,
Ledwo błysną zorze.
A wy, pszczółki, robotniczki,
Chciałbym ja wam sprostać,
Rano wstawać i pracować,
Byle miodu dostać!

Deszczyk

Mój deszczyku, mój kochany,
Nie padajże na te łany,
Nie padajże na te kopy,
Bo my dzisiaj zwozim snopy.
Wio, koniki, wio!
Bokiem, bokiem, za obłokiem
Idzie chmurka raźnym krokiem:
A my chmurkę wyprzedzimy,
Wszystkie snopy pozwozimy.
Wio, koniki, wio!
Spojrzę w górę, klasnę z bata,
Już i chmurka się rozlata,
Jasne niebo nad głowami,
Białe pyły za wozami.
Wio, koniki, wio!

Ogródek

W naszym ogródeczku
Są tam śliczne kwiaty:
Czerwone różyczki
I modre bławaty.
Po sto listków w róży,
A po pięć w bławacie;
Ułożę wiązankę
I zaniosę tacie.
A tata się spyta:
– Gdzie te kwiaty rosną?
– W naszym ogródeczku,
Gdziem je siała wiosną.

ŻUCZEK

Wyszedł żuczek na słoneczko
W zielonym płaszczyku.
– Nie bierzże mnie za skrzydełka,
Miły mój chłopczyku.
Nie bierzże mnie za skrzydełka,
Bo mam płaszczyk nowy;
Szyły mi go dwa chrabąszcze,
A krajały sowy.
Za to im musiałem płacić
Po dwanaście groszy
I jeszczem się zapożyczył
U tej pstrej kokoszy.
Jak uszyły, wykroiły,
Tak płaszczyk za krótki;
Jeszcze im musiałem dodać
Po kieliszku wódki.

W LESIE

Zawitał nam dzionek
I pogodny czas,
Pójdziemy, pójdziemy
Na jagody w las.
Na jagody, na maliny.
Na czarniawe te jeżyny
Pójdziem, pójdziem w las!
A ty ciemny lesie,
A ty lesie nasz!
A skądże ty tyle
Tych jagódek masz?
I poziomki, i maliny,
I czernice, i jeżyny.
A skądże je masz?
Uderzyły deszcze,
Przyszło słonko wraz;
Zarodziła ziemia
W dobry, błogi czas
Te jagody, te maliny,
Te czernice, te jeżyny,
W dobry, błogi czas.

ŚWIERSZCZYK

Wicher wieje, deszcz zacina,
Jesień, jesień już!
Świerka świerszczyk zza komina,
Naszej chatki stróż.
Świerka świerszczyk co wieczora
I nagania nas:
– Spać już, dzieci, spać już pora,
Wielki na was czas!
– Mój świerszczyku, bądźże cicho,
Nie dokuczaj nam...
To uparte jakieś licho,
Śpijże sobie sam!
A my komin obsiądziemy
dokolutka wnet,
Słuchać będziem tego dziadka,
Co był w świecie – het!
Siwy dziadek wiąże sieci,
Prawi nam – aż strach!
Aż tu wicher wskroś zamieci
Bije o nasz dach!
Dziadek dziwy przypomina,
Prędko płynie czas;
Próżno świerszczyk zza komina
Do snu woła nas!

ORZESZKI

Dalej, śmieszki, na orzeszki,
Dalej razem w las!
Już leszczyna się ugina,
Woła, woła nas.
My, leszczyno, ci ulżymy,
W to nam, w to nam graj!
Wnet orzeszkom poradzimy,
Tylko nam je daj!
A kto trafi na świstaka,
Tego smutny los!
Tylko próchno i tabaka,
Co nie idzie w nos!
A kto trafi na dwojaczki,
Ten powiedzie nas.
Dalej, śmieszki, na orzeszki,
Dalej, dalej w las!

SANNA

Jasne słonko, mroźny dzień,
A saneczki deń, deń, deń.
A koniki po śniegu
Zagrzały się od biegu.
Jasne słonko, mroźny dzień,
A saneczki deń, deń, deń,
A nasz Janek w złym sosie,
Bo ma gila na nosie.

RZEKA

Za tą głębią, za tym brodem,
Tam stanęła rzeka lodem;
Ani szumi, ani płynie,
Tylko duma w swej głębinie:
Gdzie jej wiosna,
Gdzie jej zorza?
Gdzie jej droga
Het, do morza?
Oj, ty rzeko, oj, ty sina,
Lody tobie nie nowina;
Co rok zima więzi ciebie,
Co rok wichry mkną po niebie.
Aż znów przyjdzie
Wiosna hoża
I popłyniesz
Het, do morza!
Nie na zawsze słonko gaśnie,
Nie na zawsze ziemia zaśnie,
Nie na zawsze więdnie kwiecie,
Nie na zawsze mróz na świecie.
Przyjdzie wiosna,
Przyjdzie hoża,
Pójdą rzeki
Het, do morza!

ŚLIZGAWKA

Równo, równo, jak po stole,
Na łyżewkach w dal...
Choć wyskoczy guz na czole,
Nie będzie mi żal!
Guza nabić – strach nieduży,
Nie stanie się nic;
A gdy chłopiec zawsze tchórzy,
Powiedzą, że fryc!
Jak powiedzą, tak powiedzą,
Pójdzie nazwa w świat;
Niech za piecem tchórze siedzą,
A ja jestem chwat!

CHOINKA W LESIE

– A kto tę choinkę
Zasiał w ciemnym lesie?
– Zasiał ci ją ten wiaterek,
Co nasionka niesie.
– A kto tę choinkę
Ogrzał w ciemnym boru?
– Ogrzało ją to słoneczko
Z niebieskiego dworu.
– A kto tę choinkę
Poił w ciemnym gaju?
– Jasne ją poiły rosy
I woda z ruczaju.
– A kto tę choinkę
Wyhodował z ziarna?
– Wychowała ją mateńka,
Ziemia nasza czarna!

W OGRODZIE

Pójdź, laleczko, do ogrodu,
Słonko cudnie dziś przygrzewa!
Znać i kochać trzeba z młodu
Nasze kwiaty, nasze drzewa!
To jest, widzisz, śliczna róża:
Masz, powąchaj! Hop do góry!
Jak urośniesz, będziesz duża,
To dostaniesz kwiatek który.
Tutaj pod nią stokroć świeci
I fijołki patrzą z trawki;
Bardzo brzydko, kiedy dzieci
Depcą kwiaty dla zabawki!
One wszystkie czują, żyją,
A ten zapach – to ich dusza.

Taką łapkę zaraz biją,
Co to każdy kwiatek rusza.
Patrz! Tu rosną tulipany,
A tam znów narcyzy kwitną,
A tu bratek główkę wznosi,
Główkę śliczną, aksamitną.
Dalej, w sadzie, jabłoń stoi,
Stoją grusze w białym kwiecie,
Nasza wiosna je tak stroi,
Najpiękniejsza wiosna w świecie.
Zapamiętaj dobrze sobie,
Na co patrzysz, lalko miła,
Żebyś mi też potem w mieście
Wstydu kiedy nie zrobiła!
– A co też tam na wsi rośnie? –
Za powrotem kto zapyta;
A tu panna palec w buzię
I nic nie wie... – Wstyd, i kwita!

Na pastwisku

Siny dym się wije
Pod lasem, daleko;
Tam pastuszki ognie palą
I kartofle pieką.
A Żuczek waruje,
Łapki sobie grzeje;
Krówki ryczą, porykują,
Dobrze im się dzieje.
– A, mój Żuczku miły,
Obszczekuj od szkody,
Bo jak wyjdzie pan ekonom,
Będąż tobie gody!

Oj, kłopoty! To nie żarty

Ach, mój Boże! To nie żarty
Przeprowadzać się raz czwarty,
Z parasolem, z dzieckiem małym,
Z gospodarstwem swoim całym!
W jednym kącie szafa stoi,
W drugim szczotka od pokoi,
W trzecim dzieci maik stroją...
Gdzie ja pójdę z dziatwą moją?
Do ogrodu?... Lecz w ogrodzie
Jest baranek! Może bodzie?
I Staś na mnie wodą pryska...
Ach, nieznośne te chłopczyska!
Jeszcze lalka mi, broń Boże,
Zaziębić się z tego może!
– Zawracajże, miły Janku!
Będziem chyba mieszkać w ganku
Z parasolem, z dzieckiem małym,
Z gospodarstwem naszym całym.

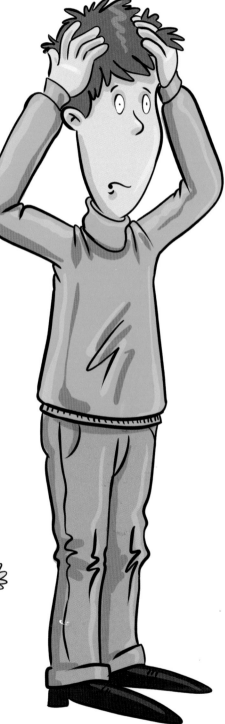

STEFEK BURCZYMUCHA

O większego trudno zucha,
Jak był Stefek Burczymucha,
– Ja nikogo się nie boję!
Choćby niedźwiedź... to dostoję!
Wilki?... Ja ich całą zgraję
Pozabijam i pokraję!
Te hieny, te lamparty
To są dla mnie czyste żarty!
A pantery i tygrysy
Na sztyk wezmę u swej spisy!
Lew!... Cóż lew jest?! – Kociak duży!
Naczytałem się podróży!
I znam tego jegomości,
Co zły tylko, kiedy pości.
Szakal, wilk?... Straszna nowina!
To jest tylko większa psina!...
(Brysia mijam zaś z daleka,
Bo nie lubię, gdy kto szczeka!)
Komu zechcę, to dam radę!
Zaraz za ocean jadę
I nie będę Stefkiem chyba,
Jak nie chwycę wieloryba!
I tak przez dzień boży cały
Zuch nasz trąbi swe pochwały,
Aż raz usnął gdzieś na sianie...
Wtem się budzi niespodzianie.
Patrzy, aż tu jakieś zwierzę

Do śniadania mu się bierze.
Jak nie zerwie się na nogi,
Jak nie wrzaśnie z wielkiej trwogi!
Pędzi jakby chart ze smyczy...
– Tygrys, tato! Tygrys! – krzyczy.
– Tygrys?... – ojciec się zapyta.
– Ach, lew może!... Miał kopyta
Straszne! Trzy czy cztery nogi,
Paszczę taką! Przy tym rogi...
– Gdzie to było?
– Tam, na sianie.
– Właśnie porwał mi śniadanie...
Idzie ojciec, służba cała,
Patrzą... a tu myszka mała
Polna myszka siedzi sobie
I ząbkami serek skrobie!...

ZŁA ZIMA

Hu! Hu! Ha! Nasza zima zła!
Szczypie w nosy, szczypie w uszy
Mroźnym śniegiem w oczy prószy,
Wichrem w polu gna!
Nasza zima zła!

Hu! Hu! Ha! Nasza zima zła!
Płachta na niej długa, biała,
W ręku gałąź oszroniała,
A na plecach drwa...
Nasza zima zła!

Hu! Hu! Ha! Nasza zima zła!
A my jej się nie boimy,
Dalej śnieżkiem w plecy zimy,
Niech pamiątkę ma!
Nasza zima zła!

ZOSIA I JEJ MOPSY

Nie wiem, z jakiego przypadku
Wzięła Zosia mopsy w spadku.

Odtąd nie ma nic dla Zosi.
Tylko mopsy. To je nosi,
To je goni, to zabawia.
To je na dwóch łapkach stawia.
To przystroi oba pieski
W fontaź suty i niebieski.
To im niesie przysmak świeży;
A książeczka – w kącie leży.

Mama prosi, mama łaje...
Zosia nic... Jak tylko wstaje,
Zaraz w domu pełno pisku:
Mops umaczał nos w półmisku,
Mops Julkowi porwał grzankę,
Mops stłukł nową filiżankę,
Mops na łóżko skoczył taty,
Mops zjadł szynkę do herbaty.

Aż też mama rzekła: – basta!
I wysłała mopsy z miasta
W dużym koszu, pełnym sieczki...
– A ty, Zosiu, do książeczki!

Czy to bajka...

Czy to bajka, czy nie bajka,
Myślcie sobie, jak tam chcecie.
A ja przecież wam powiadam:
Krasnoludki są na świecie.
Naród wielce osobliwy.
Drobny – niby ziarnka w bani:
Jeśli które z was nie wierzy,
Niech zapyta starej niani.
W górach, w jamach, pod kamykiem,
Na zapiecku czy w komorze
Siedzą sobie Krasnoludki
W byle jakiej mysiej norze.

Pod kominem czy pod progiem –
Wszędzie ich napotkać można:
Czasem który za kucharkę
Poobraca pieczeń z rożna...
Czasem skwarków porwie z rynki
Albo liźnie cukru nieco
I pozbiera okruszynki,
Co ze stołu w obiad zlecą.
Czasem w stajni z bicza trzaśnie,
Koniom spląta długie grzywy,
Czasem dzieciom prawi baśnie...
Istne cuda! Istne dziwy!
Gdzie chce – wejdzie, co chce – zrobi,
Jak cień chyżo, jak cień cicho,
Nie odżegnać się od niego,
Takie sprytne małe licho!
Zresztą myślcie, jako chcecie,
Czy kto chwali, czy kto gani,
Krasnoludki są na świecie!
Spytajcie się tylko niani.

 JESIENIĄ

Jesienią, jesienią
Sady się rumienią;
Czerwone jabłuszka
Pomiędzy zielenią.

Czerwone jabłuszka,
Złociste gruszeczki
Świecą się jak gwiazdy
Pomiędzy listeczki.

– Pójdę ja się, pójdę
Pokłonić jabłoni,
Może mi jabłuszko
W czapeczkę uroni!

– Pójdę ja do gruszy,
Nastawię fartuszka,
Może w niego spadnie
Jaka śliczna gruszka!

Jesienią, jesienią
Sady się rumienią;
Czerwone jabłuszka
Pomiędzy zielenią.

JASIO ŚPIOSZEK

Chcecie pewno wiedzieć wszyscy,
Jak się chłopczyk ten nazywa,
Co w ogródku sobie siedzi
I na trąbce swej przygrywa?–
Jest to Jasio „Ranny Ptaszek",
Wielki mamy swej pieszczoszek,
Co aż dotąd się nazywał
W całym domu: „Jasio Śpioszek".
„Jasio Śpioszek", drogie dziatki,
Nieszczęśliwy był chłopczyna,
Bo zobaczyć nigdy nie mógł,
Jak się dzionek rozpoczyna.
Ledwo ziewnie raz i drugi,
Ledwo przetrze jedno oko,
Ledwo na bok się odwróci,
Już ci słonko het... wysoko!
Aż raz tata mu darował
Trąbkę tak zaczarowaną,
Co wschód słońca mu pokaże,
Gdy zatrąbi... bardzo rano.
Odtąd Jasio „Rannym Ptaszkiem"
Został po tym wynalazku
I tak sobie gra codziennie
Zaraz po słoneczka brzasku.

Pan Zielonka

Pan Zielonka, co nad stawem
Mieszka sobie żabim prawem,
Ma rodzinę wcale sporą:
Dzieci pono aż pięcioro.

Już od dziada i pradziada
Wielkie Bagno tu posiada,
I przy kępie, pod łopianem,
Na folwarku tym jest panem.

Tu na muszki w lot czatuje,
Tu się kąpie, tu poluje,
Tu napełnia staw swym krzykiem,
A jest sławnym gimnastykiem.

Jak dzień tylko się rozświeci,
Hyc z kąpieli, woła dzieci,
I za chwilę kawalkadą
Taką oto sobie jadą:

Ten najstarszy, co na przodzie,
Rej prowadzi w tym pochodzie,
A ma tuszę okazałą,
Od swych oczát zwie się „Gałą”.

Ten za ojcem, tak wesoły,
Co się trzyma fraka poły,
I ten w wielkich susach drugi:
„Miech” i „Skrzeczek” na usługi.

Czwarty „Żeruś" na ostatku
Pędzi, krzycząc: – Tatku! Tatku!
Tatko, widzę, zapomina,
Że ma też Żerusia syna!

Lecz najmłodszy, pieszczoch wielki,
Co się trzyma kamizelki,
I na karku u tatusia
Wierzchem jedzie, zwie się „Trusia".

Tata chlubi się tym chwatem,
Co odważnie śmiga batem,
Choć kapelusz mu ojcowy
Całkiem zakrył czubek głowy!

Nie wiem, czy się wam zdarzyło
Tę kompanię spotkać miłą?
Lecz po deszczu rad się błąka
Z dziatwą swoją pan Zielonka.

PARASOL

Wuj parasol sobie sprawił.
Ledwo w kątku go postawił,
Zaraz Julka, mały Janek
Cap! za niego, smyk! na ganek.
Z ganku w ogród i przez pola
Het, używać parasola!

Idą pełni animuszu:
Janek, zamiast w kapeluszu,
W barankowej ojca czapce,
Julka w czepku po prababce,
Do wiatraka pana Mola!...
A wuj szuka parasola.

Już w ogrodzie żabka mała
Spod krzaczka ich przestrzegała:
– Deszcz, deszcz idzie! Deszcz, deszcz leci!
Więc do domu wracać, dzieci!
Mała żabka, ta na czasie
Jak ekonom stary zna się
I jak krzyknie: – Deszcz! – to hola!
Trza tęgiego parasola!

Lecz kompania nasza miła
Wcale żabce nie wierzyła.
– Niech tam woła! Niech tam skrzeczy!
Taka żaba!... Wielkie rzeczy!
Co nam wracać za niewola!
Czy nie mamy parasola?

Wtem się wicher zerwie srogi.
Dzieci w krzyk, i dalej w nogi...
Szumią trawy, gną się drzewa,
To już nie deszcz, to ulewa;
A najgorsza teraz dola
Nieszczęsnego parasola.

W górę gną się jego żebra,
Deszcz nań chlusta jakby z cebra,
Pękł materiał... Aż pod chmury
Wzniósł parasol pęd wichury.
Darmo dzieci krzyczą: – Hola!
Łapaj! Trzymaj parasola!

Nie wiem, jak się to skończyło,
Lecz podobno niezbyt miło;
Żabki o tym może wiedzą,
Co pod grzybkiem sobie siedzą.
– Prosim państwa, jeśli wola,
Do naszego parasola!

Żabka Helusi

Nikt mnie o tym nie przekona
I nikomu nie uwierzę,
Że ta żabka, ta zielona,
To jest szpetne, brzydkie zwierzę.

Proszę tylko patrzeć z bliska:
Sukieneczka na niej biała,
Tak w porannym słonku błyska,
Jakby w perły szyta cała.

Wierzchem płaszczyk zieloniutki,
Jak ten listek, jak ta trawa,
I zielone mają butki
Nóżka lewa, nóżka prawa.

Główkę takiż kaptur kryje,
Ciemne prążki po kapturze.
Prawda, oczy ma przyduże
I przygrubą nieco szyję.

Ale za to, jak daleko
Wypatrzy tę chmurkę małą,
Którą morze letnią spieką
Na ochłodę nam posłało!

A jak głośno, skryta w krzaki:
– Dżdżu! Dżdżu! – woła podczas suszy.
Choć świergocą wszystkie ptaki,
Ona wszystkie je zagłuszy!

Alboż robi jakie szkody?
Psuje kwiaty? niszczy sady?
Wszak jej starczy trochę wody,
Małe muszki i owady.

Przy tym... Nie wiem tego pewnie,
Lecz mi niania raz mówiła
O prześlicznej tej królewnie,
Co zaklęta w żabkę była.

Cudnej główki, rączek, lica
Nic nie widać, ani trocha...
Zaklęła ją czarownica,
Czarownica, zła macocha!

I w postaci tej musiała
Siedem lat czekać dziewica,
Aż ją trafi złota strzała.
Złota strzała królewica.

Dopieroż ją wypuściła
Z owej skórki jędza baba
I królową potem była
Ta zaklęta pierwej żaba.

Czy to prawda, czy tak sobie,
Tego nie wiem już na pewno.
Zawszeć boskie to stworzenie,
Chociaż nie jest i królewną!

KUKUŁECZKA

Po tym ciemnym boru
Kukułeczka kuka,
Z ranka do wieczora
Gniazdka sobie szuka.

Kuku! Kuku!
Gniazdka sobie szuka.

— A ty, kukułeczko,
Co na drzewach siadasz,
Jakie ty nowiny
W lesie rozpowiadasz?

Kuku! Kuku!
W lesie rozpowiadasz?

— Leciałam ja w maju
Z ciepłego wyraju,
Zagubiłam w drodze
Ścieżynkę do gaju!

Kuku! Kuku!
Ścieżynkę do gaju!

Zgubiłam ścieżkę
Do gniazdeczka mego,
Teraz latam, teraz kukam,
Ot, już wiesz dlaczego.

Kuku! Kuku!
Ot, już wiesz dlaczego.

TĘCZA

– A kto ciebie, śliczna tęczo,
Siedmiobarwny pasie,
Wymalował na tej chmurce
Jakby na atłasie?

– Słoneczko mnie malowało
Po deszczu, po burzy;
Pożyczyło sobie farby
Od tej polnej róży.

Pożyczyło sobie farby
Od kwiatów z ogroda;
Malowało tęczę na znak,
Że będzie pogoda!

Co dzieci widziały w drodze

Jadą, jadą dzieci drogą,
Siostrzyczka i brat,
I nadziwić się nie mogą,
Jaki piękny świat!

Tu się kryje biała chata
Pod słomiany dach,
Przy niej wierzba rosochata,
A w konopiach... strach.

Od łąk mokrych bocian leci,
Żabkę w dziobie ma...
– Bociuś! Bociuś! – krzyczą dzieci.
A on: – Kla!... kla!... kla!...

Tam zagania owce siwe
Brysio, kundys zły...
Konik wstrząsa bujną grzywę
I do stajni rży...

Idą żeńcy, niosą kosy,
Fujareczka gra,
A pastuszek mały, bosy,
Chudą krówkę gna.

Młyn na rzeczce huczy z dala.
Białe ciągną mgły,
A tam z kuźni, od kowala,
Lecą złote skry.

W polu, w sadzie brzmi piosenka
Wskroś srebrzystych ros,
Siwy dziad pod krzyżem klęka.
Pacierz mówi w głos...

Jadą wioską, jadą drogą
Siostrzyczka i brat,
I nadziwić się nie mogą,
Jaki piękny świat!

Sposób na laleczkę

Moja mamo! Z tą laleczką
Nie wytrzymam chyba dłużej!
Ciągle stoi przed lusterkiem,
Ciągle tylko oczki mruży.

To się muska, to się puszy,
To sukienki wciąż odmienia,
A co zniszczy kapeluszy!
Same, same utrapienia!

Ni do książki, ni do igły,
Tylko różne stroi miny,
Już doprawdy, proszę mamy,
Nie wytrzymam i godziny!

Klapsów chyba dam jej kilka
Albo w kącie ją postawię;
Dzień jest przecież do roboty,
A ta myśli o zabawie!

Na to mama: – Już ja tobie
Podam sposób na laleczkę;
Usiądź sobie tutaj przy mnie
I do ręki weź książeczkę.

Nie zaglądaj przez dzień cały
Do lusterka, ucz się ładnie,
A zobaczysz, że i lalkę
Do tych minek chęć odpadnie.

Chcesz poprawić swą laleczkę,
Pracuj pilnie, pracuj szczerze...
Bo ci powiem, moja Julciu,
Ona z ciebie przykład bierze!

MUCHY SAMOCHWAŁY

U chomika w gospodzie
Siedzą muchy przy miodzie.
Siedzą, piją koleją
I z pająków się śmieją.

Podparły się łapkami
Nad pełnymi kuflami.
Zagiął chomik żupana,
Miód dolewa do dzbana.

– Żebyś, kumo, wiedziała,
Com już sieci narwała,
Com z pająków nadrwiła,
To byś ledwo wierzyła!

– Moja kumo jedyna,
Czy mi pająk nowina?
Śmiech doprawdy mnie bierze...
Pająk... także mi zwierzę!

– Żebyś, kumo, wiedziała!
Trzem pająkom bez mała,
Jak się dobrze zasadzę,
Trzem pająkom poradzę!...

– Moja kumo kochana!
(Chomik! dolej do dzbana!)
Moja kumo jedyna,
Czy mi pająk nowina?

Prawi jedna, to druga,
A tu z kąta coś mruga...
Prawi czwarta i piąta,
A coś czai się z kąta.

Pająk ci to, niecnota,
Nić – tak długą – namota!
Zdusił muchy przy miodzie
W chomikowej gospodzie.

PRANIE

– Pucu! Pucu! Chlastu! Chlastu!
Nie mam rączek jedenastu,
Tylko dwie mam rączki małe,
Lecz do prania doskonałe.

Umiem w cebrzyk wody nalać,
Umiem wyprać... no... i zwalać,
Z mydła zrobię tyle piany,
Co nasz kucharz ze śmietany.

I wypłuczę, i wykręcę,
Choć mnie dobrze bolą ręce.
Umiem także i krochmalić,
Tylko nie chcę się już chwalić!

– A u pani? Jakże dziatki?
Czy też brudzą swe manatki?

– U mnie? Ach! To jeszcze gorzej:
Zaraz zdejmuj, co się włoży!
Ja i praczki już nie biorę,
Tylko co dzień sama piorę!

Tak to praca zawsze nowa,
Gdy kto lalek się dochowa!

BOCIAN

Bociek, bociek leci!
Dalej, żywo, dzieci!
Kto bociana w lot wyścignie,
Temu kasza nie ostygnie.
Kle, kle, kle, kle, kle!

Bociek dziobem klaska:
– Wyjdźcież, jeśli łaska!
Niech zobaczę, niech powi-
tam,
Niech o zdrowie się zapytam.
Kle, kle, kle, kle, kle!

– A ty, boćku stary,
Piórek masz do pary;
Żaby je liczyły w błocie,
Naliczyły cztery krocie.
Kle, kle, kle, kle, kle!

Nim skończyły liczyć,
Już je zaczął ćwiczyć.
– Oj, bocianie, miły panie,
Miejże dla nas zmiłowanie!
Kle, kle, kle, kle, kle!

WŁADYSŁAW BEŁZA

KATECHIZM POLSKIEGO DZIECKA

Kto ty jesteś? – Polak mały.
Jaki znak twój? – Orzeł biały.
Gdzie ty mieszkasz? – Między swemi.
W jakim kraju? – W polskiej ziemi.
Czym ta ziemia? – Mą ojczyzną.
Czym zdobyta? – Krwią i blizną.
Czy ją kochasz? – Kocham szczerze.
A w co wierzysz? – W Polskę wierzę.
Coś ty dla niej? – Wdzięczne dziecię.
Coś jej winien? – Oddać życie.

ABECADŁO O CHLEBIE

ABC
Chleba chcę,
Lecz i wiedzieć mi się godzi,
Z czego też to chleb się rodzi?

DEF
Naprzód siew:
Rolnik orze ziemię czarną
I pod skibę rzuca ziarno.

HKJ
Ziarno w lot
Zakiełkuje w ziemi łonie,
I kłos buja na zagonie.

ŁIL
Gdy już cel
Osiągnięty gospodarza,
Zboże wiozą do młynarza.

MNO
Każde źdźbło,
Za obrotem kół, kamienia,
W białą mąkę się zamienia.

PQS
To już kres!
Z młyna piekarz mąkę bierze
I na zacier rzuca w dzieże.

RTU
I co tchu
W piec ogromny wkłada ciasto,
By chleb miały wieś i miasto.

WXZ
I chleb wnet!
Patrzcie, ile rąk potrzeba,
Aby mieć kawałek chleba.

SROKA

O sroce, która na płocie skrzeczy,
Krążą po świecie nieładne rzeczy:
Że ma w języku dziwne łaskotki,
I między ptactwem rozsiewa plotki.

Do dzisiaj nie wiem, kochane dziatki,
Kto takie sroce przypina łatki?
To też nie biorę na me sumienie,
Czy to jest prawda, czy posądzenie?

Lecz czyż nie lepiej, przyznajcie sami,
Trzymać języczek swój za zębami,
Niż się narażać na gorzkie słowa,
Że się jest paplą, jak sroka owa?

BOCIAN

„Mój mości bocianie,
Co kroczysz na łanie,
Jak mędrzec poważnie, miarowo.
Bujałeś po świecie,
Więc powiedz mi przecie,
Coś zdobył przez zimę surową?

Latałeś, nieboże,
Aż kędyś za morze,
Nad Nilu błękitne topiele.
Toż w takiej podróży,
Gdzieś strawił czas duży,
Musiałeś nauczyć się wiele?"
A bocian na wieży,
W dziób wielki uderzy,
Popatrzy na chłopca spod oka;
I głową pokiwa,
I tak się odzywa,
Klekocąc do niego z wysoka:

„Zyskałem tam wiele,
I z każdym podzielę
Tę mądrość, nie skąpiąc nikomu,
Że dobrze jest wszędzie,
Lecz ponoś nie będzie,
Tak nigdzie wygodnie – jak w domu!"

KUKUŁKA

Kukułeczka kuka w lesie,
Na wyniosłym buku;
Wietrzyk z boku głos jej niesie:
„Kuku... kuku... kuku!"

A chłopczyna, co szedł drogą,
Pyta przez swywolę:
„Długoż jeszcze mnie niebogo,
Będą męczyć w szkole?

Czy tak całe przejść ma życie,
Jak dziś chwile płyną:
Ucz się w wieczór, ślęcz o świcie,
Nad nudną łaciną?"

Ptak się rozśmiał na te słowa
Małego nieuka,
Między liście główkę chowa,
I tak mu odkuka:

„Dziś trza własną sobie pracą,
Zdobyć wszystko, wszędzie,
A kto leniuch i ladaco,
Z tego nic nie będzie!"

I kukała bez ustanku,
Drąc się do rozpuku:
„Rachuj latka mój kochanku!
Kuku... kuku... kuku!"

STANISŁAW JACHOWICZ

CHORY KOTEK

Pan kotek był chory i leżał w łóżeczku,
I przyszedł pan doktor: – Jak się masz, koteczku!
– Źle bardzo... – i łapkę wyciągnął do niego.
Wziął za puls pan doktor poważnie chorego,
I dziwy mu prawi: – Zanadto się jadło,
Co gorsza, nie myszki, lecz szynki i sadło;
Źle bardzo... gorączka! źle bardzo, koteczku!
Oj! długo ty, długo poleżysz w łóżeczku,
I nic jeść nie będziesz, kleiczek i basta:
Broń Boże kiełbaski, słoninki lub ciasta!
– A myszki nie można? – zapyta koteczek –
Lub z ptaszka małego choć z parę udeczek?
– Broń Boże! Pijawki i dieta ścisła!
Od tego pomyślność w leczeniu zawisła.
I leżał koteczek; kiełbaski i kiszki
Nietknięte, z daleka pachniały mu myszki.
Patrzcie, jak złe łakomstwo! Kotek przebrał miarę;
Musiał więc nieboraczek srogą ponieść karę.
Tak się i z wami działeczki stać może;
Od łakomstwa strzeż was Boże!

Nieposłuszeństwo

Często bywamy winni złemu sami.
„Nie gryź, chłopcze – rzekł ojciec – orzechów zębami".
Chłopczyk na to: „Nic nie szkodzi".
A teraz bez zębów chodzi.

Obchodź się łagodnie ze zwierzętami

Zwierzątkom dokuczać to bardzo zła wada.
I piesek ma czucie, choć o tym nie gada.
Kto z pieskiem się drażni, ciągnie go za uszko,
To bardzo niedobre musi mieć serduszko.

BASIA

Cóż się stało Basi? Jakąż widzę zmianę!
Jej nosek napuchnięty, oczki zapłakane,
A pod noskiem plasterek. Cóż to wszystko znaczy?
Któż niezwykłą spokojność Basi wytłumaczy?
Zwyczajnie różne chodzą po ludziach przypadki;
Basia nie chciała słuchać przestróg dobrej matki:
To się cała kręciła jakby na sprężynce,
To znowu dziwnych zabaw chciało się dziewczynce;
Wszędzie jej było pełno, hałas w całym domu,
I na chwilkę spokoju nie dała nikomu.
Póty dzban wodę nosi, aż się urwie ucho,
Rzadko swawola komu uchodzi na sucho;
Poznała to i Basia, ale poniewczasie,
Stół obalony z lampą pokaleczył Basię.
Od teraz grzeczne dziecko z Basi się zrobiło.
Oby to na długo było!

DZIECIĘ I DZBANUSZEK

Mała dziecina łakoma i chciwa,
Jak to często w świecie bywa,
Nigdy na tym nie przestała.
Co Mama dała.
Były dwa jabłka, trzeciego żąda;
Były trzy gruszki, za czwartą spogląda;
Dano cukierków, to zawsze za mało;
Dano pierniczek, dziecię ciastka chciało.
Raz mu w dzbanuszek wsypano orzechy.
Ach co to było uciechy!
Dziecina rączkę w wąską szyję wkłada,
I wszystkie by zabrać rada.
Ale niestety! wyciągnąć nie może.
Dziecię w płacz. W takim razie i płacz nie pomoże.
Szarpie. Wszystko na próżno: i orzeszków nie ma,
I dzbanuszek rączkę trzyma.
Ktoś się wreszcie zlitował, i dał rady zdrowe:
– Nie bądź, kochanku, chciwym, weź tylko połowę;
Wyjmiesz rączkę, orzeszki wybierzesz po trosze.
A pomnij w dalszym wieku tak czerpać rozkosze.

STAŚ NA SUKNI ZROBIŁ PLAMĘ

Staś na sukni zrobił plamę;
Płacze i przeprasza mamę.
Korzystając z chwili, mama
Rzecze: „Na sukni wypierze się plama;
Ale strzeż się, moje dziecię,
Brzydkim czynem splamić życie:
Bo ci, Stasiu, mówię szczerze,
Ta się plama nie wypierze".

FIGIELKI KAZIA

Tadzio domki z kart budował,
Kazio coraz to dmuchnął i pod stół się chował.
„Wiesz, Kaziu – rzekł braciszek – co ja teraz zrobię?
Schowam karty do szuflady i dmuchajże sobie!"

Ptaszek w gościnie

Puk, puk, ptaszek do okienka:
– Niech tam otworzy panienka;
Bo to teraz straszna zima,
Nigdzie i ziarneczka nie ma.
I ptaszynie otworzyli,
Ogrzali i nakarmili,
A ptaszyna, wdzięczna za to,
Śpiewała im całe lato.

Tadeuszek

Raz swawolny Tadeuszek
Nawsadzał w flaszeczkę muszek;
A nie chcąc ich morzyć głodem,
Ponawrzucał chleba z miodem.
Widząc to ojciec przyniósł mu piernika
I, nic nie mówiąc, drzwi na klucz zamyka.
Zaczął się prosić, płakać Tadeuszek,
A ojciec na to: – Nie więź biednych muszek.
Siedział dzień cały. To go nauczyło:
Nie czyń drugiemu, co tobie niemiło.

ANDZIA

– Nie rusz Andziu, tego kwiatka,
Róża kole – rzekła matka.
Andzia mamy nie słuchała,
Ukłuła się i płakała.

ZARADŹ ZŁEMU ZAWCZASU

– Zaszyj dziurkę, póki mała –
Mama Zosię przestrzegała.
Ale Zosia, niezbyt skora,
Odwlekała do wieczora.
Z dziurki dziura się zrobiła.
A choć Zosia i zaszyła,
Popsuła się suknia cała.
Źle, że matki nie słuchała.

ZAJĄC

Wyszedł zając zza krzaka
I udawał junaka.
Wąsy podniósł do góry,
Wzrok nasrożył ponury.
A wtem jakoś z niechcąca
Wietrzyk z krzaczka
Liść trąca...
Patrzą... nie ma zająca!

ZGODA

– Kochany koteczku! Godzien jesteś burki
Że mnie zadrapałeś ostrymi pazurki.
To bardzo niepięknie kaleczyć drugiego:
Popraw się, koteczku, nie rób więcej tego!
Na to kotek odpowie: - Ułóżmy się z sobą –
Obchodź się ze mną grzecznie, to ja będę z tobą.

PIOSENKI DLA DZIECI

Chodzi lisek koło drogi

Chodzi lisek koło drogi,
Cichuteńko stawia nogi,
Cichuteńko się zakrada,
Nic nikomu nie powiada.
Chodzi lisek koło drogi,
Nie ma ręki ani nogi,
Kogo lisek przyodzieje,
Ten się nawet nie spodzieje.
Chodzi lisek koło drogi,
Nie ma ręki ani nogi,
Trzeba liska pożałować,
Kromkę chleba mu darować.

Czarny baranie

Gdzieżeś ty bywał, czarny baranie?
We młynie, we młynie, mościwy panie.
Cóżeś tam jadał, czarny baranie?
Gałeczki, kluseczki, mościwy panie.
Jakożeś jadał, czarny baranie?
Łyk łyk łyk, łyk łyk łyk, mościwy panie.
Cóżeś tam pijał, czarny baranie?
Pomyje, pomyje, mościwy panie.
Jakożeś je pił, czarny baranie?
Chlip chlip chlip, chlip chlip chlip, mościwy panie.
Cóż młynarz mówił, czarny baranie?
Kijem bił, kijem bił, mościwy panie.
Gdzieżeś uciekał, czarny baranie?
Hopsasa do lasa, mościwy panie.

PIESKI MAŁE DWA

Pieski małe dwa
Chciały przejść się chwilkę,
Nie wiedziały, że
Przeszły całą milkę
I znalazły coś,
Taką dużą, białą kość.

Sibą sibą, tra la la la la,
Taką dużą, białą kość.

Pieski małe dwa
Chciały przejść przez rzeczkę,
Nie wiedziały jak,
Znalazły deseczkę,
I choć była zła,
Przeszły po niej pieski dwa.

Sibą sibą, tra la la la la,
Przeszły po niej pieski dwa.

Pieski małe dwa
Poszły raz na łąkę
I znalazły tam
Czerwoną biedronkę,
A biedronka ta
Mnóstwo czarnych kropek ma.

Sibą sibą, tra la la la la,
Mnóstwo czarnych kropek ma.

Pieski małe dwa
Poszły więc do domu,
O przygodzie swej,
Nie mówiąc nikomu,
Wlazły w budę swą,
Teraz sobie smacznie śpią.

Sibą sibą, tra la la la la,
Teraz sobie smacznie śpią.

MY JESTEŚMY KRASNOLUDKI

My jesteśmy krasnoludki,
Hopsa sa, hopsa sa,
Pod grzybkami nasze budki,
Hopsa, hopsa sa,
Jemy mrówki, żabie łapki,
Oj tak tak, oj tak tak,
A na głowach krasne czapki,
To nasz, to nasz znak.
Gdy ktoś zbłądzi, to trąbimy,
Trutu tu, trutu tu,
Gdy ktoś senny, to uśpimy,
Lulu lulu lu,
Gdy ktoś skrzywdzi krasnoludka,
Ajajaj, ajajaj,
To zapłacze niezabudka,
Uuuuu.

Jadą, jadą misie

Jadą, jadą misie, tra la la la la,
Śmieją im się pysie, cha cha cha cha cha,
Przyjechały do lasu, narobiły hałasu,
Przyjechały do boru, narobiły rumoru.

Jadą, jadą misie, tra la la la la,
Śmieją im się pysie, cha cha cha cha cha,
A misiowa jak może, prędko szuka w komorze,
Plaster miodu wynosi, pięknie gości swych prosi.

Jadą, jadą misie, tra la la la la,
Śmieją im się pysie, cha cha cha cha cha,
Zjadły misie plastrów sześć
I wołają: „jeszcze jeść!"

Jadą, jadą misie, tra la la la la,
Śmieją im się pysie, cha cha cha cha cha,
Przyjechały do lasu, narobiły hałasu,
Przyjechały do boru, narobiły rumoru.

ALEKSANDER FREDRO

BAJECZKA O OSIOŁKU

Osiołkowi w żłoby dano,
W jeden owies, w drugi siano.
Uchem strzyże, głową kręci.
I to pachnie, i to nęci.
Od któregoż teraz zacznie,
Aby sobie podjeść smacznie?
Trudny wybór, trudna zgoda –
Chwyci siano, owsa szkoda.
Chwyci owies, żal mu siana.
I tak stoi aż do rana,
A od rana do wieczora;
Aż nareszcie przyszła pora,
Że oślina pośród jadła –
Z głodu padła.

PAWEŁ I GAWEŁ

Paweł i Gaweł w jednym stali domu,
Paweł na górze, a Gaweł na dole;
Paweł, spokojny, nie wadził nikomu,
Gaweł najdziksze wymyślał swawole.
Ciągle polował po swoim pokoju:
To pies, to zając – między stoły, stołki
Gonił, uciekał, wywracał koziołki,
Strzelał i trąbił, i krzyczał do znoju.
Znosił to Paweł, nareszcie nie może;
Schodzi do Gawła i prosi w pokorze:
– Zmiłuj się waćpan, poluj ciszej nieco,
Bo mi na górze szyby z okien lecą.
A na to Gaweł: – Wolnoć, Tomku,
W swoim domku.

Cóż było mówić? Paweł ani pisnął,
Wrócił do siebie i czapkę nacisnął.
Nazajutrz Gaweł jeszcze smacznie chrapie,
A tu z powały coś mu na nos kapie.
Zerwał się z łóżka i pędzi na górę.
Stuk! puk – Zamknięto. Spogląda przez dziurę
I widzi... Cóż tam? cały pokój w wodzie,
A Paweł z wędką siedzi na komodzie.
– Co waćpan robisz? – Ryby sobie łowię.
– Ależ, mospanie, mnie kapie po głowie!
A Paweł na to: – Wolnoć, Tomku,
W swoim domku.

Z tej to powiastki morał w tym sposobie:
Jak ty komu, tak on tobie.

MAŁPA W KĄPIELI

Rada małpa, że się śmieli,
Kiedy mogła udać człeka,
Widząc panią raz w kąpieli,
Wlazła pod stół – cicho czeka.
Pani wyszła, drzwi zamknęła;
Małpa figlarz – nuż do dzieła!
Wziąwszy pański czepek ranny,
Prześcieradło
I zwierciadło –
Szust do wanny!
Dalej kurki kręcić żwawo!
W lewo, w prawo,
Z dołu, z góry,
Aż się ukrop puścił z rury.
Ciepło – miło – niebo – raj!
Małpa myśli: „W to mi graj!"
Hajże! Kozły, nurki, zwroty,
Figle, psoty,
Aż się wody pod nią mącą!
Ale ciepła coś za wiele...
Trochę nadto.. Ba, gorąco!...
Fraszka! małpa nie cielę,
Sobie poradzi:

Skąd ukrop ciecze,
Tam palec wsadzi.
– Aj, gwałtu! Piecze!
Nie ma co czekać,
Trzeba uciekać!
Małpa w nogi,
Ukrop za nią – tuż, tuż w tropy,
Aż pod progi.
To nie żarty – parzy stopy...
Dalej w okno!... Brzęk! – Uciekła!
Że tylko palce popiekła,
Nader szczęśliwa.
Tak to zwykle małpom bywa.

CYGAN I BABA

Mówią ludzie, że przed laty
Cygan wszedł do wiejskiej chaty,
Skłonił się babie u progu
I powitawszy ją w Bogu
Prosił, by tak dobrą była
I przy ogniu pozwoliła
Z gwoździa zgotować wieczerzę –
I gwóźdź długi w rękę bierze.

Z gwoździa zgotować wieczerzę!
To potrawa całkiem nowa!
Baba trochę wstrząsła głową,
Ale baba jest ciekawa,
Co to będzie za przyprawa;
W garnek zatem wody wlewa
I do ognia kładzie drzewa.
Cygan włożył gwóźdź powoli
I garsteczkę prosi soli.
– Hej, mamuniu – do niej rzecze –
Łyżka masła by się zdała. –
Niecierpliwość babę piecze,
Łyżkę masła w garnek wkłada;
Potem Cygan jej powiada:
– Hej, mamuniu, czy tam w chacie
Krup garsteczki wy nie macie? –

A baba już niecierpliwa,
Końca, końca tylko chciwa,
Garścią krupy w garnek wkłada.
Cygan wtenczas czas swój zgadł,
Gwóźdź wydobył, kaszę zjadł.
Potem baba przysięgała,
Niezachwiana w swojej wierze,
Że na swe oczy widziała,
Jak z gwoździa zrobił wieczerzę.

IGNACY KRASICKI

Kruk i lis

Bywa często zwiedzionym,
Kto lubi być chwalonym.
Kruk miał w pysku ser ogromny;
Lis, niby skromny,
Przyszedł do niego i rzekł: – Miły bracie,
Nie mogę się nacieszyć, kiedy patrzę na cię!
Cóż to za oczy!
Ich blask aż mroczy!
Czyż można dostać
Takową postać?
A pióra jakie!
Lśniące, jednakie.
A jeśli nie jestem w błędzie,
Pewnie i głos śliczny będzie.
Więc kruk w kantaty; skoro pysk rozdziawił,
Ser wypadł, lis go porwał i kruka zostawił.

Czapla, ryby i rak

Czapla stara, jak to bywa,
Trochę ślepa, trochę krzywa,
Gdy już ryb łowić nie mogła,
Na taki się koncept wzmogła.
Rzekła rybom: „Wy nie wiecie,
A tu o was idzie przecie".
Więc wiedzieć chciały,
Czego się obawiać miały.
„Wczora
Z wieczora
Wysłuchałam, jak rybacy
Rozmawiali: wiele pracy
Łowić wędką lub więcierzem;
Spuśćmy staw, wszystkie zabierzem,
Nie będą mieć otuchy,
Skoro staw będzie suchy."
Ryby w płacz, a czapla na to:
„Boleję nad waszą stratą,
Lecz można temu zaradzić,
I gdzie indziej was osadzić;
Jest tu drugi staw blisko,
Tam obierzecie siedlisko,
Chociaż pierwszy wysuszą,
Z drugiego was nie ruszą".
„Więc nas przenieś!" – rzekły ryby:
Wzdrygnęła się czapla niby;
Dała się na koniec użyć,
Zaczęła służyć.
Brała jedną po drugiej w pysk, niby nieść mając,

I tak pomału zjadając.
Zachciało się na koniec skosztować i raki.
Jeden z nich widząc, iż go czapla niesie w krzaki,
Postrzegł zdradę, o zemstę się zaraz pokusił.
Tak dobrze za kark ujął, iż czaplę udusił.
Padła nieżywa:
Tak zdrajcom bywa.

PRZYJACIELE

Zajączek jeden młody,
Korzystając z swobody,
Pasł się trawką, ziółkami w polu i ogrodzie,
Z każdym w zgodzie.
A że był bardzo grzeczny, rozkoszny i miły,
Bardzo go tam zwierzęta lubiły.
I on też używając wszystkiego z weselem,
Wszystkich był przyjacielem.
Raz gdy wyszedł w świtaniu i bujał po łące,
Słyszy przerażające
Głosy trąb, psów szczekanie, trzask wielki po lesie.
Stanął – słucha – dziwuje się.
A gdy się coraz zbliżał ów hałas, wrzask srogi,
Zając w nogi.
Spojrzy się poza siebie: aż dwa psy i strzelce.
Strwożon wielce,
Przecież wypadł na drogę, od psów się oddalił.
Spotkał konia, prosi go, iżby się użalił:
„Weź mnie na grzbiet i unieś!" – Koń na to: „Nie mogę,
Ale od innych pewną będziesz miał załogę".
Jakoż wół się nadarzył. – „Ratuj, przyjacielu!"
Wół na to: „Takich jak ja zapewne niewielu
Znajdziesz, ale poczekaj i ukryj się w trawie.
Jałowica mnie czeka, niedługo zabawię.
A tymczasem masz kozła, co ci dopomoże".
Kozioł: „Żal mi cię, nieboże,
Ale ci grzbietu nie dam: twardy, nie dogodzi;
Oto wełnista owca niedaleko chodzi,

Będzie ci miękko siedzieć..." Owca rzecze:
„Ja nie przeczę,
Ale choć cię uniosę pomiędzy manowce,
Psy dogonią i zjedzą zająca i owcę;
Udaj się do cielęcia, które się tu pasie".
„Jak ja ciebie mam wziąć na się,
Kiedy starsi nie wzięli" – cielę na to rzekło
I uciekło.
Gdy więc wszystkie sposoby ratunku upadły,
Wśród serdecznych przyjaciół psy zająca zjadły.

WILCZKI

Pstry jeden, czarny drugi, a bury najmniejszy,
Trzy wilczki wadziły się, który z nich piękniejszy.
Mówił pierwszy: „Ja rzadki!"
Mówił drugi: „Ja gładki!"
Mówił trzeci: „Ja taki jak i pani matka!"
Trwała zwadka.
Wtem wilczyca nadbiegła,
Gdy w niezgodzie postrzegła:
„Cóż to – rzecze – same w lesie
Wadzicie się!"
Więc one w powieść, jak się rzecz działa.
Gdy wysłuchała:

„Idzie tu wam o skórę – rzekła – miłe dzieci,
Która zdobi, która szpeci.
Nasłuchałam się tego już to razy kilka,
Nie przystoi to na wilka
Wcale.
Ale
Jak będziecie tak w kupie
Dysputować się, głupie,
Wiecie, kto nie zbłądzi?
Oto strzelec was pozwie, a kuśnierz osądzi".

PTASZKI W KLATCE

„Czegóż płaczesz? – staremu mówił czyżyk młody –
Masz teraz lepsze w klatce niż w polu wygody".
„Tyś w niej zrodzon – rzekł stary – przeto ci wybaczę;
Jam był wolny, dziś w klatce – i dlatego płaczę".

Szczur i kot

Mnie to kadzą, rzekł hardzie do swego rodzeństwa,
Siedząc szczur na ołtarzu podczas nabożeństwa.
Wtem gdy się dymem kadził zbytecznych zakrztusił,
Wpadł kot z boku na niego, porwał i udusił.

Zwierzęta i niedźwiedź

Pod lwem starym ustawną prowadziły wojnę:
Młody, że panowanie obiecał spokojne,
Cieszyły się zwierzęta; niedźwiedź cicho siedział.
Spytany, czego milczy? wręcz im odpowiedział:
Zatrzymajmy się jeszcze z tą wieścią radosną,
Aż młodemu lewkowi pazury urosną.

ŻÓŁW I MYSZ

Że zamknięty w skorupie niewygodnie siedział,
Żałowała mysz żółwia; żółw jej odpowiedział:
„Miej ty sobie pałace, ja mój domek ciasny;
Prawda, nie jest wspaniały — szczupły, ale własny".

LIS I OSIEŁ

Lis stary, wielki oszust, sławny swym rzemiosłem,
Że nie miał przyjaciela, narzekał przed osłem.
„Sameś sobie w tym winien — rzekł mu osieł na to —
Jakąś sobie zgotował, obchodź się zapłatą".
Głupi ten, co wniść w przyjaźń z łotrem się ośmiela:
Umiej być przyjacielem, znajdziesz przyjaciela.

ADAM MICKIEWICZ

LIS I KOZIEŁ

Już był w ogródku, już witał się z gąską:
Kiedy skok robiąc wpadł w beczkę wkopaną,
Gdzie wodę zbierano;
Ani pomyśleć o wyskoczeniu.
Chociaż wody nie było i nawet nie grząsko:
Studnia na półczwarta łokcia,
Za wysokie progi
Na lisie nogi;
Zrąb tak gładki, że nigdzie nie wścibić paznokcia.
Postaw się teraz w tego lisa położeniu!
Inny zwierz pewno załamałby łapy
I bił się w chrapy,
Wołając gromu, ażeby go dobił:
Nasz lis takich głupstw nie robił;
Wie, że rozpaczać jest to zło przydawać do zła.
Za czym maca wkoło zębem,
A patrzy w górę. Jakoż wkrótce ujrzał kozła,
Stojącego tuż nad zrębem
I patrzącego z ciekawością w studnię.
Lis wnet spuścił pysk na dno, udając, że pije:
Cmoka mocno, głośno chłepce
I tak sam do siebie szepce:

– Oto mi woda, takiej nie piłem, jak żyję!
Smak lodu, a czysta cudnie!
Chce mi się całemu spłukać,
Ale mi ją szkoda zbrukać,
Szkoda!
Bo co też to za woda!
Kozieł, który tam właśnie przyszedł wody szukać:
– Ej! – krzyknął z góry – ej, ty ryży kudła,
Wara od źródła!
I hop w dół. Lis mu na kark, a z karku na rogi,
A z rogów na zrąb i w nogi.

PRZYJACIELE

Nie masz teraz prawdziwej przyjaźni na świecie;
Ostatni znam jej przykład w oszmiańskim powiecie.
Tam żył Mieszek, kum Leszka, i kum Mieszka Leszek.
Z tych, co to: gdzie ty, tam ja, co moje, to twoje.
Mówiono o nich, że gdy znaleźli orzeszek,
Ziarnko dzielili na dwoje;
Słowem, tacy przyjaciele,
Jakich i wtenczas liczono niewiele.
Rzekłbyś; dwójduch w jednym ciele.

O tej swojej przyjaźni raz w cieniu dąbrowy
Kiedy gadali, łącząc swoje czułe mowy
Do kukań zozul i krakań gawronich,
Alić ryknęło raptem coś koło nich.
Leszek na dąb; nuż po pniu skakać jak dzięciołek.
Mieszek tej sztuki nie umie,
Tylko wyciąga z dołu ręce: – Kumie!
Kum już wylazł na wierzchołek.

Ledwie Mieszkowi był czas zmrużyć oczy,
Zbladnąć, paść na twarz: a już niedźwiedź kroczy.
Trafia na ciało, maca: jak trup leży;
Wącha: a z tego zapachu,
Który mógł być skutkiem strachu.
Wnosi, że to nieboszczyk i że już nieświeży.
Więc mruknąwszy ze wzgardą odwraca się w knieję,
Bo niedźwiedź Litwin miąs nieświeżych nie je.

Dopieroż Mieszek odżył... – Było z tobą krucho! –
Woła kum – szczęście, Mieszku, że cię nie zadrapał!
Ale co on tak długo tam nad tobą sapał.
Jak gdyby coś miał powiadać na ucho?
– Powiedział mi – rzekł Mieszek – przysłowie niedźwiedzie:
Że prawdziwych przyjaciół poznajemy w biedzie.

POWRÓT TATY

(ballada)

– Pójdźcie, o dziatki, pójdźcie wszystkie razem
Za miasto, pod słup na wzgórek,
Tam przed cudownym klęknijcie obrazem,
Pobożnie zmówcie paciórek.

Tato nie wraca; ranki i wieczory
We łzach go czekam i trwodze;
Rozlały rzeki, pełne zwierza bory
I pełno zbójców na drodze.

Słysząc to dziatki biegną wszystkie razem,
Za miasto, pod słup na wzgórek,
Tam przed cudownym klękają obrazem
I zaczynają paciórek.

Całują ziemię, potem: – W imię Ojca,
Syna i Ducha Świętego,
Bądź pochwalona, przenajświętsza Trójca,
Teraz i czasu wszelkiego.

Potem: Ojcze nasz i Zdrowaś, i Wierzę,
Dziesięcioro i koronki,
A kiedy całe zmówili pacierze,
Wyjmą książeczkę z kieszonki:

I litaniją do Najświętszej Matki
Starszy brat śpiewa, a z bratem
– Najświętsza Matko – przyśpiewują dziatki,
Zmiłuj się, zmiłuj nad tatem!

Wtem słychać turkot, wozy jadą drogą
I wóz znajomy na przedzie;
Skoczyły dzieci i krzyczą jak mogą:
– Tato, ach, tato nasz jedzie!

Obaczył kupiec, łzy radości leje,
Z wozu na ziemię wylata;
– Ha, jak się macie, co się u was dzieje?
Czyście tęskniły do tata?

Mama czy zdrowa? ciotunia? domowi?
A, ot, rodzynki w koszyku.
Ten sobie mówi, a ten sobie mówi,
Pełno radości i krzyku.

– Ruszajcie – kupiec na sługi zawoła –
Ja z dziećmi pójdę ku miastu.
Idzie... aż zbójcy obskoczą dokoła,
A zbójców było dwunastu.

Brody ich długie, kręcone wąsiska,
Wzrok dziki, suknia plugawa;
Noże za pasem, miecz u boku błyska,
W ręku ogromna buława.

Krzyknęły dziatki, do ojca przypadły,
Tulą się pod płaszcz na łonie;
Truchleją sługi, struchlał pan wybladły,
Drżące ku zbójcom wzniósł dłonie.

– Ach, bierzcie wozy, ach, bierzcie dostatek,
Tylko puszczajcie nas zdrowo,
Nie róbcie małych sierotami dziatek
I młodej małżonki wdową.

Nie słucha zgraja, ten już wóz wyprzęga,
Zabiera konie, a drugi
– Pieniędzy! – krzyczy i buławą sięga,
Ów z mieczem wpada na sługi.

Wtem: – Stójcie, stójcie! – krzyknie starszy zbójca
I spędza bandę precz z drogi,
A wypuściwszy i dzieci, i ojca,
– Idźcie, rzekł, dalej bez trwogi.

Kupiec dziękuje, a zbójca odpowie:
– Nie dziękuj, wyznam ci szczerze,
Pierwszy bym pałkę strzaskał na twej głowie,
Gdyby nie dziatek pacierze.

Dziatki sprawiły, że uchodzisz cało,
Darzą cię życiem i zdrowiem;
Im więc podziękuj za to, co się stało,
A jak się stało, opowiem.

Z dawna już słysząc o przejeździe kupca,
I ja, i moje kamraty,
Tutaj za miastem, przy wzgórku u słupca
Zasiadaliśmy na czaty.

Dzisiaj nadchodzę, patrzę między chrusty,
Modlą się dziatki do Boga,
Słucham, z początku porwał mię śmiech pusty,
A potem litość i trwoga.

Słucham, ojczyste przyszły na myśl strony,
Buława upadła z ręki;
Ach! ja mam żonę, i u mojej żony
Jest synek taki maleńki.

Kupcze! jedź w miasto, ja do lasu muszę;
Wy, dziatki, na ten pagórek
Biegajcie sobie, i za moją duszę
Zmówcie też czasem paciórek.

PANI TWARDOWSKA

(ballada)

Jedzą, piją, lulki palą,
Tańce, hulanka, swawola;
Ledwie karczmy nie rozwalą,
Cha, cha! chi, chi! hejże! hola!

Twardowski siadł w końcu stoła,
Podparł się w boki jak basza:
– Hulaj dusza! hulaj! – woła,
Śmieszy, tumani, przestrasza.

Żołnierzowi, co grał zucha,
Wszystkich łaje i potrąca,
Świsnął szablą koło ucha:
Już z żołnierza masz zająca.

Na patrona z trybunału,
Co milczkiem wypróżniał rondel,
Zadzwonił kieską, pomału:
Z patrona robi się kondel.

Szewcu w nos wyciął trzy szczutki,
Do łba przymknął trzy rureczki,
Cmoknął: cmok! i gdańskiej wódki
Wytoczył ze łba pół beczki.

Wtem, gdy wódkę pił z kielicha,
Kielich zaświstał, zazgrzytał;
Patrzy na dno: – Co u licha?
Po coś tu, kumie, zawitał?

Diablik to był w wódce na dnie:
Istny Niemiec, sztuczka kusa;
Skłonił się gościom układnie,
Zdjął kapelusz i dał susa.

Z kielicha aż na podłogę
Pada, rośnie na dwa łokcie,
Nos jak haczyk, kurzą nogę,
I krogulcze ma paznokcie.

– A, Twardowski... witam bracie! –
To mówiąc, bieży obcesem:
– Cóż to, czyliż mię nie znacie?
Jestem Mefistofelesem.

Wszak ze mnąś na Łysej Górze
Robił o duszę zapisy:
Cyrograf na byczej skórze
Podpisałeś ty, i bisy.

Miały słuchać twego rymu;
Ty, jak dwa lata przebiegą,
Miałeś pojechać do Rzymu,
By cię tam porwać jak swego.

Już i siedem lat uciekło,
Cyrograf nadal nie służy:
Ty, czarami dręcząc piekło,
Ani myślisz o podróży.

Ale zemsta, choć leniwa,
Nagnała cię w nasze sieci:
Ta karczma Rzym się nazywa...
Kładę areszt na waszeci".

Twardowski ku drzwiom się kwapił
Na takie *dictum acerbum*[1];
Diabeł za kontusz ułapił:
– A gdzie jest *nobile verbum*[2]?

[1] z łac. gorzkie słowa

[2] z łac. słowo szlachcica

Co tu począć? kusa rada,
Przyjdzie już nałożyć głową...
Twardowski na koncept wpada
I zadaje trudność nową.

– Patrz w kontrakt, Mefistofilu,
Tam warunki takie stoją:
Po latach tylu a tylu,
Gdy przyjdziesz brać duszę moją,

Będę miał prawo trzy razy
Zaprząc ciebie do roboty,
A ty najtwardsze rozkazy,
Musisz spełnić co do joty.

Patrz, oto jest karczmy godło,
Koń malowany na płótnie;
Ja chcę mu wskoczyć na siodło,
A koń niech z kopyta utnie.

Skręć mi przy tem biczyk z piasku,
Żebym miał czem konia chłostać;
I wymuruj gmach w tym lasku,
Bym miał gdzie na popas zostać.

Gmach będzie z ziarnek orzecha,
Wysoki pod szczyt Krępaku,
Z bród żydowskich ma być strzecha,
Pobita nasieniem z maku.

Patrz, oto na miarę ćwieczek,
Cal gruby, długi trzy cale:
W każde z makowych ziarneczek
Wbij mnie takie trzy bretnale.

Mefistofil duchem skoczy,
Konia czyści, karmi, poi,
Potem bicz z piasku utoczy,
I już w gotowości stoi.

Twardowski dosiadł biegusa,
Probuje podskoków, zwrotów,
Stępa, galopuje, kłusa –
Patrzy, aż i gmach już gotów.

– No! wygrałeś panie bisie,
Lecz druga rzecz nie skończona:
Trzeba skąpać się w tej misie –
A to jest woda święcona.

Diabeł kurczy się i krztusi,
Aż zimny pot na nim bije:
Lecz pan każe, sługa musi,
Skąpał się biedak po szyję.

Wyleciał potem jak z procy,
Otrząsł się, dbrum! parsknął raźnie:
– Teraz jużeś w naszej mocy,
Najgorętsząm odbył łaźnię.

– Jeszcze jedno, będzie kwita:
Zaraz pęknie moc czartowska! –
Patrzaj, oto jest kobieta,
Moja żoneczka, Twardowska.

– Ja na rok u Belzebuba
Przyjmę za ciebie mieszkanie;
Niech przez ten rok moja luba
Z tobą jak z mężem zostanie.

Przysiąż jej miłość, szacunek,
I posłuszeństwo bez granic;
Złamiesz choć jeden warunek,
Już cała ugoda na nic.

Diabeł do niego pół ucha,
Pół oka zwrócił do samki,
Niby patrzy, niby słucha –
Tymczasem już blisko klamki.

Gdy mu Twardowski dokucza,
Od drzwi, od okien odpycha,
Czmychnąwszy dziurką od klucza,
Dotąd, jak czmycha, tak czmycha.

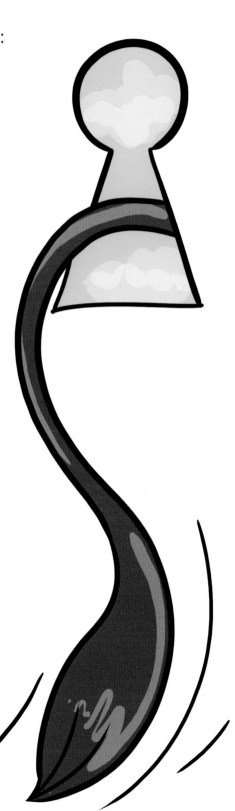

JEAN DE LA FONTAINE

ŻÓŁW I ZAJĄC

Chyży, wysmukły i zwrotny zając
Napotkał żółwia, jakoś przebiegając.
„Jak się masz, moja ty skorupo! – rzecze –
Gdzie to się waszmość tak pomału wlecze?
Mój Boże! Cóż to za układ natury!
Mnie w biegu i sam wiatr nie upędzi,
Żółw na godzinę, w swym chodzie ponury,
Ledwo upełznie trzy piędzi".
„Hola! – odpowie – mój ty wiatronogi,
Umiem ja chodzić i odbywam drogi:
Mogę i ciebie ubiec do celu".
Rozśmiał się zając: „Ha, mój przyjacielu,
Jeśli jest wola, ot, cel tej ochocie
Niech będzie przy owym płocie!"

To rzekł i rącze posunąwszy skoki,
Stanął w pół drogi. Obejrzy się, a tam
Żółw ledwo ruszył trzy kroki.
„I na cóż – rzecze – ja wiatry zamiatam?
Nim on dopełznie, tak siebie suwając,
Sto razy wyśpi się zając".
Tu swoje słuchy przymusnął,
Legnie pod miedzą – i usnął.
Żółw, gdy powoli krok za krokiem niesie,
Stawa na koniec w zamierzonym kresie.
Ocknie się zając – w czas właśnie!
Darmo się rzucił do prędkiego lotu,
Bo ten, co idąc, w pół drogi nie zaśnie,
„A kto z nas – mówi – pierwszy u płotu?"

(przełożył Franciszek Kniaźnin)

KONIK POLNY I MRÓWKA

Niepomny jutra, płochy i swawolny,
Przez całe lato śpiewał konik polny.
Lecz przyszła zima, śniegi, zawieruchy –
Gorzko zapłakał biedaczek.
,,Gdybyż choć jaki robaczek.
Gdyby choć skrzydełko muchy
Wpadło mi w łapki... miałbym bal nie lada!"
To myśląc, głodny, zbiera sił ostatki,
Idzie do mrówki sąsiadki
I tak powiada:
,,Pożycz mi, proszę, kilka ziarn żyta;
Da Bóg doczekać przyszłego zbioru,
Oddam z procentem – słowo honoru!"
Lecz mrówka skąpa i nieużyta
(Jest to najmniejsza jej wada)
Pyta sąsiada:
,,Cóżeś porabiał przez lato,
Gdy żebrzesz w zimowej porze?"
„Śpiewałem sobie". „Więc za to
Tańcujże teraz, nieborzę!"

(przełożył Władysław Noskowski)

Lis i winogrona

Lis pewien, łgarz i filut, wychudły, zgłodniały,
Zobaczył winogrona rosnące wysoko.
Owoc, przejrzystą okryty powłoką,
Zdał się lisowi dojrzały.
Więc rad z uczty, wytężył swoją chudą postać,
Skoczył, sięgnął, lecz nie mógł do jagód się dostać.
Wprędce przeto zaniechał daremnych podskoków
I rzekł: „Kwaśne, zielone, dobre dla żarłoków".

(przełożył Władysław Noskowski)

DWA SZCZURY

Szczur miejski, frant nie lada,
Wielki smakosz, hulaka,
Spotkał szczura wieśniaka,
Swego niegdyś sąsiada.
Prostak na wiejskim chlebie
Zaznał biedy do syta;
A więc mieszczuch go wita
I zaprasza do siebie.
Stawia srebrne nakrycie
Na tureckim dywanie.
Jedzą szczury śniadanie:
To mi raj, to mi życie!

Wtem u drzwi klamki brzękły:
Gospodarz, pełen trwogi,
Hop ze stołu i w nogi,
W ślad za nim gość wylękły.
Ucichło. Szczury w radę;
Mieszczuch wyjrzał spod stoła:
„Chodź, sąsiedzie – zawoła –
Kończmy naszą biesiadę".
„Bóg zapłać – wieśniak na to –
Jutro przyjdziesz waść do mnie:
Obaczysz, żyję skromnie,
Mieszkam w norze pod chatą;
Lecz milszy mi kęs mały,
Prostej, wieśniaczej strawy,
Niż wśród ciągłej obawy
Twe królewskie specjały!"

(przełożył Władysław Noskowski)

ŻÓŁW I DWIE KACZKI

Żółw, z rodu tych, co się szczycą,
Że bywali za granicą,
Chciał naśladować przodków obyczaje
I odwiedzić przodków kraje.
Bowiem w zwierzęcej, jak w ludzkiej, naturze
Sprzeczność na każdym kroku się objawia:
Głuchy lubi muzykę, kulawy podróże,
Każdy gani, co swoje, a cudze wysławia.
Żółw, gdy w nim ta chęć urosła,
Zwierzył się pod sekretem z zamiaru podróży
Kaczkom, co się pluskały w pobliskiej kałuży.
„Brawo! – krzyknęły kaczki. – Myśl chwalebna, wzniosła,
Myśl zaiste godna głowy.
I nam już odlecieć pora,
Więc jeśli chcesz, dziś z wieczora
Zabierz się z nami, a koszt do połowy".

„Ba, wolne żarty – żółw gniewny powiada –
Jakże się puszczę w nadpowietrzną drogę,
Kiedy ledwie łazić mogę?"
„Fraszka! – odrzekły kaczki – i na to jest rada.
Oto kij: chwyć go zębami,
My ujmiemy końce w dzioby
I polecisz razem z nami
Ponad góry, ponad chmury,
A za trzy lub cztery doby
Miniem lądy, miniem wody,
Obce ziemie i narody,
Oblecimy ziemię całą.
Dalej w drogę, tylko śmiało!
Lecz, bracie, nie żałuj gęby:
Trzymaj ostro, ściskaj zęby".
Żółw kij chwycił jakby w kleszcze,
Lecą nad miasta i sioła.
„Patrzcie! – lud zdumiony woła –
Dziwo, cud nieznany jeszcze!
Toż to żółw między kaczkami,
Król żółwi, żółw nad żółwiami!"
„Tak jam monarchą" – żółw z dumą powiada.
Mówiąc, kij z zębów wypuszcza, upada,
I ten, co królem mienił się zuchwale,
Zginął, rozbity na skale.
Znane to w świecie przywary:
Gadulstwo, czcza ciekawość i próżność bez miary.
Zawsze idą po społu, a gdzie zawieść mogą –
Los tego żółwia niech będzie przestrogą.

(przełożył Władysław Noskowski)

JELEŃ PRZEGLĄDAJĄCY SIĘ W WODZIE

Razu pewnego w przeźroczystej wodzie
Przypatrując się jeleń swej urodzie,
Sam się dziwił cudności rosochatych rogów.
Lecz widząc swoje nogi, cienkie jak badyle,
Gorzko narzekał na bogów:
„Gdzie proporcyja! głowa tyla! nogi tyle?
Me rogi mię równają z wysokimi krzaki,
Lecz mię ta suchość nóg szpeci".
A wywierając żal taki,
Obejrzy się, aż tu doń obces ogar leci;
Nie bardzo dalej psiarnia szczeka rozpuszczona.
Strach go w głęboki las niesie,
Lecz rączość jego nieco jest spóźniona,
Bo mu się w gęstym rogi zawadzają lesie.
Uciekł ci przecię, ale mu ogary
Podziurawiły mocno szarawary.
Kto kocha w rzeczach piękność i zysków się wstydzi,
Częstokroć się takimi pięknościami zgubi,
Jak ten jeleń, co swymi nogami się brzydzi,
A szkodną ozdobę lubi.

(przełożył Stanisław Trembecki)

WILK I BARANEK

Racyja mocniejszego zawsze lepsza bywa.
Zaraz wam tego dowiodę.
Gdzie bieży krynica żywa,
Poszło jagniątko chlipać sobie wodę.
Wilk tam na czczo nadszedłszy, szukając napaści,
Rzekł do baraniego syna:
„I któż to zaśmielił waści,
Że się tak ważysz mącić mój napitek?
Nie ujdzie ci bez kary tak bezecna wina".
Baranek odpowiada, drżąc z bojaźni wszytek:
„Ach, panie dobrodzieju, racz sądzić w tej sprawie
Łaskawie.
Obacz, że niżej ciebie, niżej stojąc zdroju,
Nie mogę mącić pańskiego napoju".
„Cóż? Jeszcze mi zadajesz kłamstwo w żywe oczy?!
Poczekaj no, języku smoczy,
I tak rok–eś mię zelżył paskudnymi słowy".

„Cysiam jeszcze, i na tom poprzysiąc gotowy,
Że mnie przeszłego roku nie było na świecie".
„Czy ty, czy twój brat, czy który twój krewny,
Dość, że tego jestem pewny,
Że wy mi honor szarpiecie;
Psy, pasterze i z waszą archandyją całą
Szczekacie na mnie, gdzie tylko możecie.
Muszę tedy wziąć zemstę okazałą".
Po tej skończonej perorze
Łapes jak swego i zębami porze.

(przełożył Stanisław Trembecki)

KOT I SZCZUR STARY

Czytałem kiedyś bajkę, ale gdzie – nie pomnę.
Było kocisko ogromne,
Ostrymi zbrojne pazury,
Cerber prawdziwy i zdrajca bez czoła,
Chytry, drapieżny; na mile dokoła
Znały go myszy i szczury.
Nad wszelkie wynalazki,
Nad pułapki samotrzaski
I nad zatrute łakocie
Dotkliwsze mysiej hołocie
Wyrządzał psoty
Ten kot nad koty.

Widząc, że płochliwa rzesza,
Choć głodna, lecz zdjęta trwogą
Nie śmie z nory stąpić nogą,
Hultaj z pułapu się zwiesza
Głową na dół, a pazury
Zaczepił za jakieś sznury.
Myszy w śmiech z kota:
Pewnie kogo zadrapnął, w kuchni zrobił szkodę,
Skradł ser lub pieczeń, i za to w nagrodę
Wisi niecnota.
„Ha! Łotrze, przyszła kreska i na ciebie!
Będziemy tańczyć na twoim pogrzebie!" –
Tak szydząc, śmielsze z dziur się wychylają,
Biegną, wracają,
Wreszcie całą zgrają
Skaczą na środek. Wtem... bęc! Pękły sznury.
Wisielec ożył!... i z góry
Jak piorun na myszy spada,
Szarpie zębem, łapą goni,
Chwyta, dusi i zajada.

„To fraszka – rzecze – znam ja sztuk niemało.
Od moich figlów nic was nie uchroni,
Zginiecie wszystkie". Jak rzekł, tak się stało.
Wkrótce znów myszki odrwił kot przebiegły,
Ubielił się, w mąkę schował
I tak na zdobycz czatował.
Płoche stworzenia zdrady nie spostrzegły;
Szczur tylko, co na wojnie gdzieś ogon postradał
(Stary szperacz, chleb z pieca niejednego jadał),
Patrzy i czeka.
Wreszcie z daleka
Tak do kota się odzywa:
„Znam cię, ziółko, żeś pokrzywa,
Widzę ja, co się tu święci,
I twoja biała postać wcale mnie nie znęci.
Bądź sobie mąką, ja głód cierpieć wolę,
Lecz nie dam się wywieść w pole.
A zatem do zobaczenia!"
I to rzekłszy, czmychnął gładko.
Miał ten szczur rozum: wiedział z doświadczenia,
Że bezpieczeństwa ostrożność jest matką.

(przełożył Władysław Noskowski)

DELFIN I MAŁPA

Był to, jak mówią od wieków,
Zwyczaj u Greków,
Że dla rozrywki w morskiej podróży
Brali z sobą na okręta
Małpy i różne zwierzęta.
Raz okręt taki, wśród burzy,
W pobliżu Aten uderzył o skały.
Zatonął, lecz delfiny, pląsające w fali,
Rozbitkom ratunek dały.
Nic dziwnego, wszak Pliniusz te zwierzęta chwali
I powiada najwyraźniej,
Że z ludźmi żyją w najszczerszej przyjaźni.
A gdy Piliniusz tak powiada,
Na słowo wierzyć wypada.
Otóż w popłochu jeden delfin młody,
Więc nierozważny, dobył małpę z wody.
Złudzon pozorem, za człeka ją bierze,
Na swój grzbiet dumnie sadowi
I dźwigając głupie zwierzę,
Zaczął płynąć ku brzegowi.
Wtem pyta: „Powiedz, o luba istoto,
Czy z Aten jesteś?" „Znają mnie tam wszędzie –
Odrzecze małpa – i mogę z ochotą
Dopomóc ci w każdym względzie.
Może chcesz wygrać proces w trybunale?
Mam tam krewnych na urzędzie.
Wiedz, że mojej rodzinie przypadły w udziale
Wszystkie zaszczyty: cała miejska rada
Z mych braci, wujów i stryjów się składa;

Nawet i ja do rządów mięszam się po trosze".
„Dzięki ci – rzecze delfin – lecz powiedz mi proszę:
A Pireus?... Nie znam go, lecz słyszałem wiele..."
„Co, poczciwy Pireus? Myśmy przyjaciele –
Przerwie małpa. – Dziś nawet z obiadem mnie czeka".
Pomylił się zwierz głupi w kłamliwym zapędzie
I wziął nazwę przystani za imię człowieka.
Takich ludzi pełno wszędzie.
Któż z nas owych kłamców nie zna,
Co dla omamienia gminu
Pocztą jeżdżą do Londynu,
A okrętem aż do Drezna?
Chiny, Peru, Egipt, Chili –
Wszystko znają, wszędzie byli,
A nie wiedzą ani słowa,
Gdzie Kraków lub Częstochowa.
Delfin spojrzał zdziwiony i zaśmiał się szczerze,
Lecz widząc, że uwiedzion człowieczą postawą,
Wyciągnął z morza tylko bezrozumne zwierzę,
Dał nurka, strącił małpę i popłynął żwawo
Naprawić swą pomyłkę i ratować ludzi,
Klnąc się, że już go nigdy czczy pozór nie złudzi.

(przełożył Władysław Noskowski)

172

Kruk udający orła

Widząc, jak orzeł porywał barany,
Kruk, choć mniej silny, ale rabuś znany,
Chciał królewskiego ptaka naśladować.
Nuż krążyć dokoła stada,
Nuż podglądać i myszkować.
A był tam baran nie lada,
Z rodu tych, co szły niegdyś bogom na daniny:
Wielki jak ciołak półroczny,
Tłusty jak połeć słoniny.
Więc kruk żarłoczny,
Chciwe zwróciwszy nań oko:
„Nie wiem – rzecze – skąd wziąłeś tak wspaniałą tuszę,
Lecz to wiem, że dziś jeszcze schrustać ciebie muszę”.
I na wzór orła wzbiwszy się wysoko,

Jak kamień z góry spada na barana.
Ale baran to nie ser; łapami obiema
Szarpie, dźwiga – ani rusz! A wełna splątana
Jakoby broda Polifema
Tak mu uwikłała szpony,
Że uwiązł w runie, jako ryba w sieci.
Przybiegł pasterz, wziął kruka. Srodze zawstydzony,
Poszedł rabuś do klatki na zabawkę dzieci.
I między ludźmi nie inaczej bywa,
Skoro łotrzyk chce łotra oceniać się miarą –
Bąk pajęczynę przerywa,
A mucha pada ofiarą.

(przełożył Władysław Noskowski)

Słowik i kania

Odegnana od kurnika
Krzykiem wiejskich bab i dzieci,
Zgłodniała kania, gdy do lasu leci,
Chwyta przypadkiem słowika.
„Zlituj się – rzecze słowik – na co ci się zdało
Pozbawiać życia ptaszynę
Taką jak ja, chudą, małą?
Wiesz, że tylko z głosu słynę,
A głosem przecie nasycić się trudno.
Nikt nas nie zjada, każdy chętnie słucha:
Chciej bacznie nakłonić ucha,
Zaśpiewam ci pieśń przecudną".
„Co mi po tym! – przerwie kania –
Nie śpiewu chcę, lecz śniadania;
Uganiam się za żerem niemal dobę całą,
A temu o muzyce prawić się zachciało!
Książęta mnie słuchają. Gdy cię książę złowi,
Będziesz mógł kwilić i gruchać
Księciu i nawet królowi:
Ale kto głodny, ten chce jeść, nie słuchać".

(przełożył Władysław Noskowski)

LIS, MAŁPA I ZWIERZĘTA

Gdy król lew skończył życie, syt mordów i chwały,
Ogłoszono bezkrólewie.
Zwierzęta na elekcję tłumnie się zebrały.
Lecz skąd wziąć władcę, nikt nie wie.
Dobyto z puzdra koronę,
Smok przy niej czuwał na straży,
I zwierzęta zgromadzone,
Począwszy od dygnitarzy,
Jęły próbować koleją,
Komu w niej będzie do twarzy.
Lecz niebawem musiały rozstać się z nadzieją
Czworonogie kandydaty:
Ten miał głowę za wielką, a tamten za małą,
Ten zaś był szpetnie rogaty.
Wtem małpa dłonią zuchwałą
Po koronę sięga śmiało
I zaczyna dla pustoty
Różne psoty:

Kozły wywraca
Na kształt pajaca,
Jak derwisz się kręci
Bez tchu i pamięci,
I zdjąwszy koronę z głowy,
Jak przez obręcz skacze żwawo.
Zwierzęta w śmiech: „Brawo! Brawo!
To nasz król, wiwat król nowy!".
Lis nierad był z wyboru, lecz razem z drugiemi
Musiał złożyć przysięgę i powinszowanie.
Rzecze zatem do małpy: „Najjaśniejszy Panie,
Jest tu skarb blisko, złożyli go w ziemi
Waszej Królewskiej Mości poprzednicy.
Ja jeden tylko o tej tajemnicy
Pewną posiadam wiadomość
i jeśli chce Król Jegomość,
Natychmiast miejsce pokażę,
Gdyż w całym świata obszarze
Znanym jest prawo, że skarb znaleziony
Idzie na własność korony".
Żaden monarcha skarbami nie gardzi,
Nowo wybrany tym bardziej.
Więc małpa w myśli już liczy

Ogrom zdobyczy
I w trwodze bieży za lisem co prędzej,
By dworska tłuszcza skarbu nie rozkradła,
Tymczasem zamiast pieniędzy –
W wilczy dół wpadła.
A lis rzekł: „Gdy nie umiesz radzić samej sobie,
Czyliż drugimi rządzić ci przystało?".
Unieważniono wybór w tejże dobie
I jednomyślną uchwałą
Do kronik, gwoli wieczystej pamięci,
Wpisano z wyciśnięciem kanclerskiej pieczęci
Słowa, które lis wówczas wyrzekł w zwierząt gronie,
Że małpa zawsze małpą, chociaż i w koronie.

(przełożył Władysław Noskowski)

KWOCZKA NIOSĄCA ZŁOTE JAJA

Kto pragnie wszystko posiąść, ten wszystko postrada.
Słuszna to sknerów zapłata.
Miał człowiek kwoczkę, lecz kwoczkę nielada:
Ósmy cud świata!
Bo choć nazwiecie to bajką,
Jednakże wiedzcie, że każdego rana,
Dla swego pana,
Niosła szczerozłote jajko.
Lecz dla łakomcy było to za mało;
Koniecznie mu się zdawało,
Że skarby znajdzie w swej kwoce.
Więc myślał nad tym dnie całe i noce,
Aż w końcu zarżnął i rozpłatał całą,
Lecz na próżno skarbów szuka:

Po niewczasie zobaczył, lejąc łez potoki,
Że była taką samą, jak i inne kwoki.
Oto dla chciwców nauka!
Wszak niezbyt dawno dość takich widziano,
Co chcąc miliony zyskać jak najprędzej,
Stami tysięcy frymarczyli rano,
A w wieczór doszli do nędzy!

(przełożył Władysław Noskowski)

KOZA, KÓZKA I WILK

Sąsiadka koza, ta, co to rozwódka,
Z rodu Ostrorożanka, a tak rześka czołem,
Że śmie łeb na łeb rozmówić się z wołem
I nie da lada wilku brać się do podbródka,
Wczoraj w las idąc zbierać na domu potrzebę,
Rokitę czy lipią skórkę,
Na gospodarstwie zostawiała córkę,
Której jest na imię Bebe.
A że młodym osobom pod niebytność matki
Rozliczne grożą przypadki,
Nakazuje dziecku srogo:
„Nie ruszać mi za próg nogą
I nie przyjmować, nikogo!
Jest tu wilk w okolicy; mam go w podejrzeniu,
Że zamyśla o czymś brzydkiem;
Pilnujże drzwi, aż wrócę i dam znać kopytkiem,
Wołając cię po imieniu:
Bebe! Lepiej, że zgrzeszym ostrożności zbytkiem,
Niż gdyby miało kiedy być przysłowiem trzodzie:
Mądra koza po szkodzie".

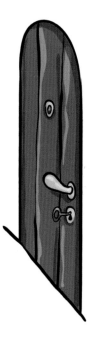

O wilku mówiono w izbie,
A wilk tuż siedział na przyzbie;
Podsłuchał. Matka z domu, a on wnet do córki:
Stuk i puk we drzwi komórki.
Wilk zwykle wyciem łaje albo grozi;
Lecz gdy prosić ma potrzebę,
Nieźle udaje śpiew kozi:
Więc jako mógł najkoziej odezwał się: „Bebe!
Otwórz!". – A kózka na to: „Przepraszam, nie można.
Mamy nie masz, jestem sama!".
On znowu: „Bebe, otwórz, to ja, mama!".
Na to znów kózka ostrożna:
„Głos wprawdzie matczyn; ale czyś ty matka,
Jak mogę wiedzieć, gdy zamknięta klatka?
Podejdźże tu i przez to pod progiem korytko
Pokaż mi na znak kopytko".
Wilk odszedł klnąc Bebe i mać jej z ruska brzydko.
Ta bajka jest po całym świecie znana z treści;
Lecz żeby ją poznać polskiej płci niewieściej,
Udawajmy, że wzięta z francuskiej powieści.

(przełożył Adam Mickiewicz)

LEW W STAROŚCI

Lew, postrach puszczy,
Postarzał, do młodości chwil z płaczem się zwracał,
Wreszcie się potyradłem stał poddanych tłuszczy,
Którzy sił nabierali, gdy on je utracał.
Koń, idąc mimo, trąca go kopytem,
Wilk zawadzi oń zębem, wół ubodnie rogiem.
Biedak smutny, marniejąc w udręczeniu srogim,
Ledwie ryk wyda gardłem, przez starość zużytym.
Czeka końca bez skargi, snać nic już nie strada.
A wtem widzi, że osioł jest ku niemu w drodze.
Ach rzecze, to za wiele, raz umrzeć się godzę,
Lecz to jest śmierć podwójna, gdy osioł cios zada.

(przełożył Stanisław Komar)

GOŁĄB I MRÓWKA

Gołąbek, spoczywając na strumyka brzegu,
Gasił pragnienie w jasnych wód krysztale.
Wtem zoczył mrówkę, którą modre fale
W bystrym unosiły biegu.
Więc ptaszyna litościwa
Źdźbło trawki zielonej zrywa,
Rzuca na wodę, i mrówka z powodzi
Cało uchodzi.
Wynagrodziły tę litość niebiosy:
Szedł tamtędy człek jakiś, obdarty i bosy,
Z łukiem napiętym do strzału.
Spostrzegł gołąbka – skrada się pomału,
Już łyka ślinkę, już, pewien wieczerzy,
W niewinną ptaszynę mierzy,
Gdy mrówka, chytre niwecząc zamysły,
Srodze ukłuła go w piętę.
Człek krzyknął, gołąb frunął; łowy przedsięwzięte
I nadzieje wieczerzy jako bańka prysły.
Na próżno chciwym okiem w ślad za zbiegiem goni:
I gołąb trudna zdobycz, gdy mrówka go broni.

(przełożył Władysław Noskowski)

LIS, WILK I KOŃ

Lis młody, lecz w chytrości równy już staremu,
Ujrzał pierwszy raz w życiu konia na pastwisku.
Rzekł więc swemu koledze, wilczkowi głupiemu:
„Bratku, chcę cię przypuścić do wspólnego zysku,
Nastręcza nam się zdobycz, ale to nie lada!".
„No? Jakaż?". – „Ja sam nie wiem, jak się on nazywa,
Ten zwierz piękny i duży". – „Poznać go wypada".
„Toteż pójdź ze mną, on tu za krzakiem spoczywa".
„Opisz mi go". – „Nie umiem". – „No, to idźmyż wreszcie".
Poszli. Więc lis do konia: „Któż waszeć jesteście?
Ten pan życzy was poznać". – „Jakże się waść zowie?"
Zagapiony wilk spyta. „Na tylnym kopycie –
Odeprze koń – możecie przeczytać, panowie,
Co kowal sam napisał, a wnet się dowiecie".

„Ja – lis rzeknie – przeczytać nie umiem, biedaczek,
Mój rodzic był chudy, ubogi prostaczek,
Nie miał na mnie skąd łożyć; ale ty, kolego,
Ty miałeś przecie ojca uczonego,
Ty zapewne przeczytasz?". Wilk, próżnością zdjęty,
Zawoła więc na konia: „Podnieś no wać pięty,
My to tam przeczytamy". Tego koń chciał właśnie,
Jak wierzgnie nogą, jak w paszczę go trzaśnie,
Aż mu wybił sześć zębów. Wtedy lis zawoła:
„O zgrozo! Ten łotr bez czoła
Tak cię w łeb zamalował! Ale bo też, bracie,
Znać stąd, że mądrych książek niewiele czytacie
Wszakże tam napisano więcej od pół wieka,
Że z nieznajomym zawsze lepiej być z daleka".

(przełożył Władysław Noskowski)

ŻABA I WÓŁ

Żaba ujrzała wołu,
Co wzrostem sięgał olbrzyma.
Mogąc co do wielkości z jajem iść pospołu,
Zazdrością podniecona, pręży się, nadyma,
By dorównać zwierzęciu, męczy się usilnie.
„Siostro – mówi – zważaj pilnie:
Czy dosyć? Mówże! Czym mu dorównała?".
„Nie". – „A teraz?". – „Bynajmniej". – „Czym dość już nabrzękła?".
„O, jeszcze ci daleko!". I gadzina mała
Tak się nadęła, że pękła.
Wielu ludzi winno się dojrzeć w tym obrazie.
Mieszczuch wznosi pałace na wzór pańskich dworów,
Każde książątko ma ambasadorów,
Każdy markiz chce mieć pazie.

(przełożył Stanisław Komar)

ŁASICA W SPIŻARNI

Panna łasiczka ciałem wysmukłym i chudym
(Właśnie wyszła po chorobie)
Do spiżarni przez szparę wśliznąwszy się z trudem,
Używała sobie,
Mając jadła w obfitości.
Bóg raczy wiedzieć , ile słoniny
Zjadła przy tej sposobności.
Skutek był ten, a nie inny,
Że zgrubła, spucołowiała, zaokrąglała w tuszy.
Po tygodniu naćkawszy się znowu po uszy,
Słyszy szmer, chce uciekać, lecz dziura za mała.

Sądząc, że błądzi w tej głuszy,
Skacze tędy i owędy,
Wreszcie rzecze: „Tak, tutaj. A tom się złapała!
Przed kilku dniami przecież wcisnęłam się tędy".
Szczur, widząc ją w ambarasie,
Mówi: „Wtenczas nie byłaś taka gruba w pasie.
Weszłaś tutaj chudziakiem, musisz wyjść chudziakiem".
Co dziś mówię do ciebie, można rzec do wielu.
Lecz rozważać nie mam celu,
Czemu ich z tobą kładę pod tym samym znakiem.

(przełożył Stanisław Komar)

GARNEK ŻELAZNY
I GARNEK GLINIANY

Garnek z żelaza ulany
Zapraszał z sobą gdzieś w drogę
Sąsiada, garnek gliniany.
Ten rzekł: „Wybacz, że nie mogę
Towarzyszyć ci w podróży,
Lecz przechadzka mi nie służy.
Jam bezpieczny, póki skromnie
W domu stoję przy ognisku,
A na drodze, w tłumie, w ścisku,
Trąci ktoś... brzdęk! I już po mnie.

Ty, co tak twarde masz kości,
Ruszaj śmiało, panie bracie,
Ja zaś dziękuję waszmości
I wolę pozostać w chacie".
„Bądź bez obawy, kolego –
Garnek żelazny powiada –
Na wszystko znajdzie się rada,
I od nieszczęścia wszelkiego
Moje cię plecy ustrzegą;
Bo jeśli jakaś zawada
W drodze się zjawi przypadkiem,
To natychmiast, Bóg mi świadkiem,
Jako mur stanę przed tobą
I swoją własną osobą
Ciosy zabójcze odtrącę".
Na te słowa ujmujące
Garnek z gliny, dobra dusza,
Z żelaznym w drogę wyrusza.
Ale podróż była krótka:

Lada kamyk, lada grudka
Plącze chwiejne garnków kroki
I co chwila, gdy szli razem,
Glina trąca się z żelazem.
Biedakowi trzeszczą boki,
Nie mógł znieść szturchańców dłużej
I roztrzaskał się w kawały.
A żelazny, zdrów i cały,
Do domu wrócił z podróży.
Własną piędzią mierz się, bratku,
Od mocniejszych bądź z daleka –
Głaszczą, pieszczą, a w ostatku
Garnka z gliny los cię czeka.

(przełożył Władysław Noskowski)

LEW I MUCHA

„Idźże precz, ty śmierdziucho, urodzona z kału!".
Tymi słowy lew zburczał muchę niepomału,
Co koło niego brzęczała.
Ta mu też wojnę wydała:
„A cóż to? Że więc jesteś królewska osoba,
Przez to już ci się ma godzić
Każdemu po głowie chodzić?
Wiedz, że ja żubra pędzę, gdzie mi się podoba,
Choć jest silniejszy od ciebie".
Rzekłszy, bziknęła, niby trąbiąc ku potrzebie,
A potem, podleciawszy dla rozpędu w górę,
Paf go w szyję między kłaki!

Lwisko się rzuca jak szaleniec jaki,
Drapie, szarpie własną skórę,
Z ciężkiej złości piany toczy,
Ryczy, iskrzą mu się oczy.
Słysząc ten ryk, truchleją po dolinach trzody,
Drżą nawet leśne narody;
A te powszechne rozruchy
Były sprawą biednej muchy,
Która to w grzbiet, to go w pysk, to go coraz liźnie
Po uszach i po słabiźnie,
Na koniec mu w nozdrze włazi,
Czym go najsrożej obrazi.

Już się też lew natedy rozjadł bez pamięci,
Ledwie się jadem nie spali,
Ogonem się w żebra wali,
Pazurami w nozdrzu kręci,
Zmordował się, zjuszył, spocił,
Aż się na resztę wywrócił.
Mucha rada, że wieczna okryła ją sława,
Jak do potyczki grała, cofanie przygrywa;
A gdy chwałą zwycięstwa zaślepiona leci,
Wpada do pajęczej sieci.
Ta rzecz nas może tej prawdy nauczyć:
Że czasem nieprzyjaciel, co się słabym zdaje,
Może nam wiele dokuczyć.
I to także poznać daje:
Że ten, komu się morze zdarzyło przepłynąć,
Może na Dunajcu zginąć.

(przełożył Stanisław Trembecki)

Pająk i Jaskółka

„Jowiszu, ratuj, bo już z głodu ginę,
Miej litość nad moim losem!
Jaskółka wszystkie muchy sprząta mi przed nosem,
To, czym ja żyję w miesiąc, ona zje w godzinę.
Wszak przędę dość mocne siatki
I opływałbym w dostatki,
Gdyby nie ona,
Nienasycona i uprzykrzona.
Nieraz słyszę: mucha bzyka,
Jeszcze chwilka – wpadnie w sieci,
Gdzie tam! Jaskółka przyleci,
Cap za muchę i umyka.

Ma przecież na swe biesiady
Inne owady,
Ja zaś jedynie muchami się żywię,
Czemuż mi je zabiera? Czy to sprawiedliwe?".
Kiedy tak pająk nad swą dolą biada,
Jaskółka widząc muchę, że blisko się błąka,
Między pajęczynę wpada,
Porywa sieć i pająka.
Z woli Jowisza przy życiu biesiadzie
Zręczność i siła rej wiedzie,
A gdzieś na szarym końcu prostaczków gromada
Okruchy zjada.

(przełożył Władysław Noskowski)

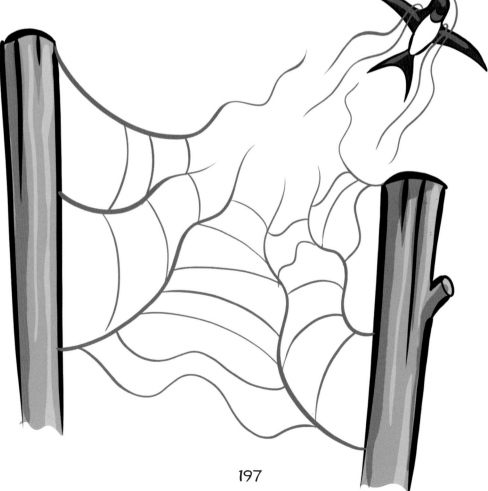

Jeleń chory

Raz jeleń zasłabł, więc przyjaciół rzesza
Bieży odwiedzić chorego.
Każdy chce leczyć, każdy go pociesza,
A doktor daniel z łosiem, swym kolegą,
Przez przyjaźń, więc bezpłatnie, z jeleniej apteki
Przepisali różne leki –
Dietę, zimne okłady
I tam dalej, i tam dalej.
Jeleń ze łzami się żali:
„Dajcie mi umrzeć, dziękuję za rady.
Pozwólcie tylko, niech w ciszy
Wyzionę ducha".

Ale ciżba towarzyszy
Prośby nie słucha;
Płaczą nad chorym, a wpośród lamentu,
Pełniąc pociechy smutne obowiązki,
Skubali trawę, listki, gałązki,
Aż zjedli wszystko do szczętu.
Wyzdrowiał jeleń, ale drugiej doby
Zmarł biedak z innej choroby –
Pościł bowiem od świtu do słońca zachodu
I dzięki przyjaciołom musiał skonać z głodu.
O czasy! O zwyczaje! Bez pełnej kalety
Nie sposób żyć na świecie. Kędy stąpisz nogą,
Wszystko trzeba opłacać zbyt drogo –
Nawet przyjaciół, niestety!

(przełożył Władysław Noskowski)

PIES I WILK

Jeden bardzo mizerny wilk – skóra a kości,
Myszkując po zamrozkach, kiedy w łapy dmucha,
Zdybie przypadkiem brysia Jegomości,
Bernardyńskiego karku, sędziowskiego brzucha:
Sierść na nim błyszczy, gdyby szmelcowana,
Podgardle tłuste, zwisłe do kolana.
„A witaj, panie kumie!! Witaj, panie brychu!
Już od lat kopy o was ni widu, ni słychu,
Wtedyś był mały kondlik – ale kto nie z postem,
Prędko zmienia figurę!
Jakże służy zdrowie?".

„Niczego" – brysio odpowie,
I za grzeczność kiwnął chwostem.
„Oj! Oj!... niczego! – widać ze wzrostu i tuszy! –
Co to za łeb – mój Boże! Choć walić obuchem –
A kark jaki! A brzuch jaki!
Brzuch! Niech mnie porwą sobaki,
Jeżeli, uczciwszy uszy,
Wieprza widziałem kiedy z takim brzuchem!".
„Żartuj zdrów, kumie wilku; lecz mówiąc bez żartu,
Jeśli chcesz, możesz sobie równie wypchać boki".
„A to jak, kiedyś łaskaw?".
„Ot tak – bez odwłoki
Bory i nory oddawszy czartu
I łajdackich po polu wyrzekłszy się świstań,
Idź między ludzi – i na służbę przystań!".
„Lecz w tej służbie co robić?" – wilk znowu zapyta.
„Co robić? – dziecko jesteś – służba wyśmienita –
Ot jedno z drugim nic a nic!
Dziedzińca pilnować granic,
Przybycie gości szczekaniem głosić,
Na dziada warknąć, Żyda potarmosić,

Panom pochlebiać ukłonem,
Sługom wachlować ogonem.
A za toż, bracie, niczego nie braknie:
Od panów, paniątek, dziewek,
Okruszyn, kostek, poliwek,
Słowem, czego dusza łaknie".
Pies mówił, a wilk słuchał: uchem, gębą, nosem,
Nie stracił słówka; połknął dyskurs cały
I nad smacznej przyszłości medytując losem,
Już obiecane wietrzył specyjały!
Wtem patrzy… „A to co?". – „Gdzie?". – „Ot tu na karku".
„Eh błazeństwo!…". – „Cóż przecie?". – „Oto, widzisz, troszkę
Przyczesano – bo na noc kładą mi obróżkę,
Ażebym lepiej pilnował folwarku!".
„Czyż tak? Pięknąś wiadomość schował na ostatku".
„I cóż, wilku, nie idziesz?".
„Co nie, to nie, bratku:
Lepszy na wolności kęsek lada jaki
Niźli w niewoli przysmaki" –
Rzekł – i drapnąwszy, co miał skoku w łapie,
Aż dotąd drapie!

(przełożył Adam Mickiewicz)

Szczur i lew

Nie gardźmy nikim, bądźmy dla słabszych obroną:
Nieraz pomoc maluczkich przydać nam się może.
Tę prawdę, tysiącznymi przykłady stwierdzoną,
Natychmiast w bajce wyłożę.
Raz, szczurek młody i niedoświadczony
Wyskoczył niebacznie z nory,
Lwu prosto w szpony.
Monarcha zwierząt, do litości skory,
Nie chcąc się znęcać nad istotką małą,
Wybaczył płochość i darował życie,
Jako na króla przystało.
W kilka dni potem, wyszedłszy na łowy,
Wpadł lew do sieci zastawionej skrycie;
Ryknął – zadrżały góry i parowy,
Lecz nie mógł się wywikłać. Szczur nadbiega z dala,
Zdradliwej sieci ogniwa
Ostrymi zęby przerywa,
I króla puszczy od zguby ocala.
Gniew i siła nikogo nie zbliżą do mety:
Cierpliwość i wytrwałość, to mędrca zalety.

(przełożył Władysław Noskowski)

203

Zając i żaba

Szarak, co nieraz bywał w kłopotach i trwogach,
Nie tracąc serca, póki czuł się rączy,
Teraz podupadł na nogach.
Poczuł, że się źle z nim skończy.
Więc jęknął z głębi serca: „Ach, nie masz pod słońcem
Lichszego powołania jak zostać zającem!
Co mię w dzień pies, lis, kruk, kania i wrona,
Nawet i ona,
Jak chce, tak gania.
A w noc gdy drzemię, oko się nie zmruża,
Bo lada komar bzyknie przez siatki pajęcze,
Wnet drży me serce zajęcze,
Tchórząc tchórzliwiej od tchórza.
Zbrzydło mi życie, co jest wiecznym niepokojem,
Postanowiłem dziś je skończyć samobojem.
Żegnaj więc, miedzo, lat mych wiośnianych kolebko!
Wy kochanki młodości, kapusto i rzepko,
Pożegnalnymi łzami dozwólcie się skropić!
Oznajmuję wszem wobec, że idę się topić!"
Tak z płaczem gdy do stawu zwraca skoki słabe,
Po drodze stąpił na żabę.
Ta mu, jak raca, drgnąwszy spod nóg szusła
I z góry na łeb w staw plusła.
A zając rzekł do siebie: „Niech nikt nie narzeka,
Że jest tchórzem, bo cały świat na tchórzu stoi;
Każdy ma swoją żabę, co przed nim ucieka,
I swojego zająca, którego się boi".

(przełożył Adam Mickiewicz)

Kot, królik i łasica

Raz królik żwawy i młody
Pobiegł w warzywne ogrody
Skubać kapustę i bujać po rosie,
A tymczasem łasica o spiczastym nosie
Przeniosła do jego chaty
Swoje lary i penaty;
I stu króliczych pokoleń mieszkanie
Prawem kaduka wzięła w posiadanie.
Królik powraca z przechadzki,
Zastaje dom zajęty. „Co to jest? – powiada –
Gwałt publiczny, rozbój, zdrada!
Na ten najazd świętokradzki
Warto, oj, warto jejmości
Połamać kości!
Jak śmiesz, wbrew mocy traktatów,
Wdzierać się w progi moich antenatów?
Precz stąd! Wracaj do swej dziury,
Bo jak w pomoc przyzwę szczury,
Zobaczysz, że będzie krucho!".
„Na co nam wojny! Ja przełożyłam zgodę –
Rzecze łasica – nakłoń baczne ucho,
A wnet praw moich dowiodę.
Wiedz, że przed laty dawnemi
Mój prapradziad chciał tu, na tej ziemi,
Wygrzebać nory dla swego plemienia.
Zamiar skończył się na chęci,
Lecz następne pokolenia
Przechowały go w pamięci.
I choć kiedyś króliki wspomogły łasice,
Gdy szczury naszą obiegły stolicę,

Nic to nie znaczy – wola przodków święta,
Stwierdzona przez testamenta,
Kazała nam stosownej upatrywać pory
I zagarnąć wasze nory.
Twe włości są po prostu rewindykowane,
Dałeś je sobie zabrać, wzięłam i zostanę".
„Ot, pleciesz! – odparł królik – przecież w tej dolinie
Z początku były tylko bagna i pustynie,
Króliki tu osiadły bez walk i potyczek.
Od niepamiętnych czasów każdy z nas posiada
Norę dziedziczoną z ojca, dziada i pradziada:
Moją dzierżył król, królik, wreszcie ja, króliczek.
Kto pierwszy ziemię posiadł, do tego należy;
A o rabusiach stoi w kryminalnym prawie...".
„Waszmość chce adwokatów? Waszmość mi nie wierzy? –
Przerwie łaska – i owszem, niech w tak ważnej sprawie
Rozstrzyga światły sąd Pazurowicza".
Był to kot stary, potulny z oblicza,
Układny w mowie, w postępkach ostrożny,
Opasły, cichy, nabożny,
A jurysta jakich mało.
Królik z łasicą wyruszają zatem
I przed sędziego stają majestatem.
„Przystąpcie, dziatki, bliżej, mówcie śmiało
– Rzekł Pazurowicz dobrodziej
I oczęta zmrużył skromnie –
Słucham, o cóż to wam chodzi?
Lecz widzicie, jam stary, mam słuch przytępiony,
Więc proszę bliżej, tu, do mnie".
Na wezwanie tak łaskawe
Podchodzą zwaśnione strony

I zaczynają rozprawę.
Tego kot czekał. Chytrze mrugnął okiem
I nagle, jednym podskokiem
Capnął obu pieniaczy i mrucząc pacierze,
Dla świętej zgody, zjadł ich na wieczerzę.
Łatwo pozna, kto treści w tej bajeczce szuka,
Że pierwszym prawem świata jest prawo kaduka:
Kto mocniejszy, ten lepszy. Gdy z sąsiadem w sporze
Silniejszego od siebie chcesz wziąć pośrednika,
Pomnij, że łatwo dosięgnąć was może
Los łasicy i królika.

(przełożył Władysław Noskowski)

DĄB I TRZCINA

„Żal mi ciebie, niebogo – mówił dąb do trzciny –
Wszakżeć to lada ciężar drobniutkiej ptaszyny,
Lada wietrzyk, co muśnie stawu gładkie wody,
Źdźbła twoje chyli ku ziemi.
Mnie wiąz i buk zazdroszczą siły i urody,
Bo prawie chmur dosięgam konary swojemi
I stawiąc wichrom nieugięte czoło,
Jako opoka stoję niewzruszony.
Więc też bezpiecznie wśród mojego cienia,
Krzewy i kwiaty rosną naokoło.
Nie skąpiłbym i tobie ojcowskiej ochrony,
Lecz sadowisz się zwykle w pobliżu strumienia,
Na stawach, gdzie swą władzę wicher rozpościera,
A moje nie sięgną dłonie”.
„Twa litość – rzecze trzcina – jak widzę, jest szczera,
Bądź jednak bez obawy. Gdy wicher zawieje,
Równie jak ty, a może lepiej, się obronię:
Burza mnie zegnie, ale nie połamie.
Wiem, że złych losów koleje
Zwalczało dotąd twe potężne ramię,
Ale czekajmy końca”. Wtem wicher się zrywa,
Ze stref północnych burza nadciąga straszliwa.
Dąb stoi niezachwiany, trzcina się kołysze.
Uszła zguby; a olbrzym, co mniemał w swej pysze,
Że stopą sięga piekieł, a głową niebiosów,
Padł wkrótce od zdwojonych huraganu ciosów.

(przełożył Władysław Noskowski)

SZERSZENIE I PSZCZOŁY

Dzieło świadczy o twórcy. Słuchajcie bajeczki:
Do miodu w pustym ulu rościł sobie prawa
Rój pszczół i rój szerszeni. Stąd swary i sprzeczki.
W końcu na wyrok osy zgodziły się strony.
Lecz jak osądzić? Zawikłana sprawa:
Świadkowie zeznawali, że ul opuszczony
Był lat kilka siedzibą istotek skrzydlatych,
Brzęczących, podługowatych –
Słowem, do pszczół podobnych. Adwokat szerszeni
Dowiódł, że jego klienci
W też same cechy są uposażeni
Od najdawniejszych pamięci.
Osa w kłopocie przyzywa do śledztwa
Mrówki z sąsiedztwa.
Te rzekły, że rój dawnych ula posiadaczy
Cały był czarno-żółtawy.
Lecz adwokat szerszeni dowiódł, że dla sprawy
To zeznanie nic nie znaczy,
Bo klient jego każdy z dziada i pradziada.
Też samą barwę posiada.
„Już od pół roku nasz proces się wlecze
(Mądry pszczół adwokat rzecze),
Szkoda miodu i słów próżnych,
Kosztów i opłat przeróżnych.
Na co tyle korowodów?
Skoro prześwietny sąd żąda dowodów,
Wnoszę, aby przerwano dalsze dochodzenie.
Natomiast niechaj pszczoły i szerszenie

Wezmą się do roboty; wówczas sąd zobaczy,
Kto umie plastry budować,
Miód z kwiatów zbierać i chować,
I przedmiot sporny pszczołom przyznać raczy".
Na takowe orzeczenie
Jęły się burzyć szerszenie
I nie chciały pracować. Osa bez zachodu
Pszczołom oddała cały zapas miodu.
Gdybyż zawsze tym trybem sądzono procesa!
Lepszy zdrowy rozsądek niźli rzymskie prawo –
Na rozterkach pęcznieje palestrantów kiesa,
A wychudli pieniacze kończą gdzieś pod ławą.

(przełożył Władysław Noskowski)

DWIE KOZY

Młoda koza Białonóżka
i Białoszyjka, jej drużka,
Obie, wsławione uporem,
Razem umknęły z łąki pod pozorem,
Że trawka miękka, wilgotna i ckliwa
Na kozie zdrowie źle wpływa.
Pasterz nie puszczał w zagaj, a więc na przekorę,
Zachciało się jejmościom z drzew ogryzać korę.
Skubać gałązki i listeczki młode.
„Nie wolno robić szkody, otóż róbmy szkodę".
Białoszyjka w jedną stronę,
Białonóżka poszła w drugą.
Alić niedługo,
Uznojone i spragnione,
Jęły szukać dla ochłody
Świeżej wody.
Potok po skałach szumiał w bystrym biegu,
Między lasem na prawym i na lewym brzegu,
Przez dęby, brzozy i jodły
Dwie kręte ścieżki wiodły,
A kładka wąska, drżąca i zbutwiała

Końce drożynek wiązała.
Z jednej strony na kładkę Białonóżka wbiega,
A z drugiej Białoszyjka. Ta tamtą spostrzegła,
Tamta tę; z hardą miną, przyjaciółki obie
Idą ku sobie.
O wodzie zapomniały. Przyszła im pokusa:
Tej przejść na lewo, a tamtej na prawo.
Razem żwawo
Dają susa
I broda w brodę uparte sąsiadki
Zbiegły się w połowie kładki.
„Z drogi! – woła Białonóżka –
Ustąp, póki grzecznie proszę!”.
„Ja mam ustąpić? Za jakie trzy grosze?
Najniższa służka!
Nie wiesz, że ja po ojcu z Kaszmiru pochodzę?
Jak śmiesz zawadzać mi w drodze?”.
„Oto mi racja! A więc, że masz brodę
Z włosem grubszym od powroza,
Dla twej wygody mam się rzucać w wodę?
Mnie rodzi angorska koza!
Wiesz, co to znaczy, a zatem precz z drogi!”.
„Ejże, bo wezmę na rogi!”.
„A spróbuj!”. – „A spróbujmy!”. Wszczął się bój zajadły,
A wtem obie się potknęły,
Razem do potoku wpadły
I utonęły.
Wypadek to nienowy. Na życiu drożynie
Niejednej kozie noga się powinie.

(przełożył Władysław Noskowski)

CZAPLA

Raz czapla długonóżka, długodzioba
I długoszyja, jak ważna osoba
Przechadzała się wzdłuż rzeki.
Obok błyszczały w słońcu przejrzyste rozcieki,
A w nich, świecąc łuskami, pluskały beztrosko
Kum karp ze szczuką kumoską.
Ryb było pełno i w wielkim wyborze,
A wszystkie blisko brzegu, tylko brać, nie zwlekać,
Lecz postanowiła czekać,
Aż się w niej apetyt wzmoże.
Przestrzegała diety i czasów reguły.
Wreszcie wzmógł się apetyt. Na brzeg idzie czapla
I widzi jak w fali tapla
Krąg linów, wypłynąwszy ponad grząskie muły.
To nie dla niej, wzgardliwie więc głowę odwraca
Z niesmakiem na pańską modłę,
Jak mysz poczciwca Horaca.
„Liny dla czapli" – zrzędzi – „Kto mniema,
Lińskie mięso jest dla mnie, ten pusto ma we łbie".
Nie chciała linów, nadpłynęły kiełbie.
„Kiełbie! I to na obiad dla czapli! Nic z tego!
Mam dla nich dziób otwierać! Niech mnie bogi strzegą!".
Lecz przyszło dziób otworzyć i dla mniejszej płoci.

213

Nastało takie bezrybie,
Że się zgłodniała nawet rozochoci,
Jeśli gdzie ślimaka zdybie.
Nie bądźmy nadto wybredni!
Umieć miarę uchwycić, dar to niepośledni.
Często traci, kto zyskać pragnie nazbyt wiele.
Więc nie gardźcie, przyjaciele,
Tym, co w waszej rachubie bez mała się zmieści.
Ludzi to bowiem tyczy. Nie czaplom to ganię.
Bo zobaczycie w następnej powieści,
Że przykład naganniejszy w człowieczym jest stanie.

(przełożył Stanisław Komar)

WILK PASTERZEM

Wilk głodny, chciwy, srogi, słowem: gębą całą
Wilk od szponów do pyska, lecz drażliwej skóry
(Bo mu nieraz psie plemię boków nadszarpało),
Powziął zamiar zbójeckiej wyrzec się natury,
I jak lis chwytać zdobycz podstępem i zdradą.
Gdy więc owce na błoniu pasły się gromadą,
Łotr wilk ostrożnie od pagórka zmierza,
Kędy leżało odzienie pasterza:
Wdziewa sukmanę, bierze laskę w szpony, Wreszcie, na oczy
Kapelusz tłoczy.
Westchnął tylko, że w piśmie nie był zbyt uczony,
Bo mu genialna myśl przyszła do głowy,
Przylepić na grzbiet kartkę z tymi słowy:
„Jam jest Wiluś, tej trzody pasterz i obrońca".
Tymczasem, Wiluś prawdziwy

Spał jak zabity; pies legł gdzieś w pokrzywy,
Owce drzemały. „Nieźle się obłowię –
Wilk pomyślał – lecz bądźmyż pasterzem do końca:
Człowieka poznać po mowie,
A więc, przemówmy". Wnet rozdziawia paszczę,
I jak wrzaśnie!... aż echo zagrało w dąbrowie.
Ocknął się pasterz, pies skoczył jak z procy:
Hajże na wilka! Ten pałką go głaszcze,
Ten zębem szarpie; zdrajca, zaplątany
W poły sukmany,
Nie mógł się bronić i uległ przemocy.
Wilk niechaj wilkiem, lis lisem zostanie:
Ktokolwiek obcej pożycza postaci,
Najczęściej takie przebranie
Gorzko przypłaci.

(przełożył Władysław Noskowski)

LANDARA I MUCHA

Żmudną, piaszczystą w górę drogą,
W słoneczną spiekotę srogą
Ciągnął landarę sprzężaj z sześciu koni.
Choć damy, mnich i starcy zeszli na piechotę,
Zaprzęg męczył się, zziajał i okrył się potem.
Wtem mucha nadleciawszy tuż przy koniach goni.
Sądząc, że je popędzi, nuż brzęczeć im w uszy,
Tnie jednego, drugiego, a ustawnie tuszy,
Że z niej do ruchu podnieta.
Siada na dyszlu, na nosie stangreta.
A gdy ekwipaż z miejsca ruszy,
Skoro ludzie pójdą dalej,
Siebie tylko za to chwali.
Tu i tam skrzętna leci: jak gdy w bitwie krwawej
Hetman nie da żołnierzom przerwać zbitej ławy,
By prąc naprzód, czym prędzej zwycięstwa dostali.
To jedno ją boli
I na to żali się biedna,

217

Że tylko ona jedna
Pomaga szkapom w tej wspólnej niedoli.
mnich z brewiarza spokojnie odmawiał swą horę,
Dama śpiewała piosenki.
Też wybrała sobie porę!
Więc mucha im do uszu wsącza swoje brzęki
I psoci na przekorę.
Po trudach na wierzch wreszcie wyjechała bryka.
„Odpoczywajmy teraz!" – mucha wkoło bzyka.
„Mój to trud, że na równię wjechali podróżni.
Tak, końskie mości, jesteście mi dłużni!".
Niejeden taki, zwan nadskakiewiczem,
Pełno go w sprawie,
A taki w niej potrzebny, jak mucha w potrawie.
Natręta odpędzaj biczem.

(przełożył Stanisław Komar)

ŻABY PROSZĄCE O KRÓLA

Naprzykrzyły się żabom odwieczne przesądy,
Równość demokratyczna i żab bratnie rządy,
Więc w prośby do Jowisza: „Króla, króla chcemy!".
Spadł z nieba król pożądany,
Wielce dogodny, bo głuchy i niemy,
Słowem, prosty kloc drewniany.
Lecz gdy spadł z pluskiem strasznym i gromu łoskotem,
Wiernych poddanych rzadkim obryzgując błotem,
Motłoch żabi, zdjęty trwogą,
Dalejże nurka pod wodę!
Żaby stare, żaby młode
Uciekają, kędy mogą;
Całe żabie pokolenie
Włazi w dziury, między trzciny,
Między trawy i korzenie
Olchy, wierzby i łoziny.
Ucichło. Kloc bez ruchu na wodzie spoczywa.

„Powstań, ludu! – starszyzna odzywa się żabia:
Zbierz ducha, tłuszczo lękliwa!
Trzeba przecie zobaczyć, co nasz król porabia".
Więc jedna, nieco śmielsza, zbliża się powoli;
Za nią druga i trzecia; wreszcie, całą zgrają
Królowi na kark wsiadają,
Skaczą, depczą, harcują i w płochej swawoli
Rozliczne czynią bezprawia,
A król cierpi i milczy, i ani się ruszy.
„Jowiszu – wrzasną żaby – toć to kloc bez duszy!
Chcemy króla żywego, nie jakąś tam kłodę!".
Jowisz, powolny prośbie, zsyła im żurawia.
Ten srogo władzy swojej oznajmił początek:
Bowiem dziób ostry zanurzywszy w wodę,
Szpera i łowi, połyka, zajada
I czyni z żab i żabiątek
Straszliwą rzeź niewiniątek.
Żaby w skargi: „Gwałtu! Zdrada!
Precz z ciemięzcą! Precz z tyranem!".
A Jowisz na to: „Milcz, niesforny tłumie!
Skoro wzgardziłeś w nierozsądnej dumie
Prostaczym pradziadów stanem,
Skoro władcy dobrego nie umiałeś cenić,
Znośże swą dolę w pokorze
i pomnij, że łatwo może
Los zły na gorszy się zmienić!".

(przełożył Władysław Noskowski)

SZCZUR I ŻABA

Kto pod kim dołki kopie, sam w nie często wpada.
Ale morał na potem, a teraz po prostu
Powiem bajeczkę.
Szczur, żarłok nie lada,
Co nigdy nie znał adwentu ni postu,
Pulchny jak pączek w zapusty,
Gruby i tłusty,
Siedział nad brzegiem kałuży.
„Dzień dobry, kumie! Jakże zdrowie służy?
Zawoła żaba wychylona z wody –
Dziś u mnie gody,
Raczże mię nawiedzić, proszę;
Bezpiecznie ze mną płynąć wśród topieli.
Poznasz rozkosze
Chłodnej kąpieli,
Zobaczysz nieznane kraje,
Nasze rządy i zwyczaje.

Zdziwią się kiedyś wnuki i prawnuki
Ogromem twojej nauki,
Gdy im o żabach zaczniesz prawić cuda,
Mądrze i gładko jak z księgi".
„Nie wiem – szczur rzecze – jak się podróż uda.
Żal mi biesiady, lecz szczerze ci powiem,
Że ze mnie pływak nietęgi".
„To fraszka! – przerwie żaba – przywiążmy sitowiem
Twoją nogę do mojej, ja żwawo popłynę
I ciebie ciągnąć będę; pójdzie nam jak z płatka".
Stało się. Jejmość żaba skacze na głębinę
I łyka ślinkę myśląc: „Mam cię!... to mi gratka!
To mi kąsek!...". I postać rzuciwszy układną
Daje nurka i gościa chce pociągnąć na dno,
Łamiąc prawo narodów i święte przysięgi.
Broni się szczur jak może; zemsty bogów wzywa.
Drwi z niego żaba zdradliwa
I szydzi z bogów potęgi.

Wtem jastrząb, co nad wodą zataczał swe kręgi,
Zobaczył biedne stworzenie,
Wpadł nań i ostrymi szpony
Chwycił szczura, z nim żabę, wielce ucieszony,
Że na obiad od razu zdobył dwie pieczenie.
Chytrze knowany zamysł nie zawsze się ziści.
Często przeciwko zdrajcy obraca się zdrada,
I zamiast niecnej korzyści
Hańba i kara nań spada.

(przełożył Władysław Noskowski)

ARTUR OPPMAN

LIS I BOCIAN

Lis do bociana raz rzekł: „Mości panie,
przybądź do mnie na śniadanie!"
Bocian się zjawił. Do stołu nakryto.
Lis przygotował ucztę obfitą.

Ale niestety! Lisek – chytre zwierzę –
do uczty płytkie dał talerze.
Próżno bocian dziobem puka,
jeść z takich naczyń za trudna dlań sztuka.

Po tygodniu pan bocian lisa prosi w gości.
Lis często pości,
więc zgłodniały zasiada i oblizuje się,
a wtem bocian wysmukły, wąski dzbanek niesie.

Zaprasza sąsiada:
„Niechże waść zajada!"
Jakże tu jeść liskowi z naczynia takiego...
A wtedy bocian: „Kolego,
pamiętacie, jak to się u was jadło, piło?"

Nie rób tego drugiemu, co tobie niemiło.

GOŁĘBIE

Nad kościołem katedralnym
Śnieżnobiałe ptaki lecą,
Jak gwiazd deszczem lśnią nawalnym,
Jak liliami błękit kwiecą.

To się w lotną chmurkę wedrą,
To mknie w słońce rój skrzydlaty –
I wirują nad katedrą
Jakby żywe poematy.

A gdy dzwonią „Anioł Pański",
Gdy gwar miasta mrze na mgnienie,
Na ulicy Świętojańskiej
Przelatują jak marzenie.

Białym stadem roztęsknionem
Do dzwoniących płyną pował
I tak krążą ponad dzwonem,
Jakby dzwon ich oczarował.

Punkt dwunasta. Dzień słoneczny
Iskierkami złota prószy,
Stoi sobie dziad odwieczny
I gołąbkom bułkę kruszy.

A tuż obok trzpiot panienka
Jest dziadowi za sąsiadkę
I milutka biała ręka
Ciska ptaszkom – czekoladkę…

ŚPIĄCA KRÓLEWNA

Stał królewski zamek na urwistej skale,
w słońcu złote wieże błyszczały wspaniale;
a w zamku król mieszkał ze swoją małżonką.
Bóg im dał córeczkę, prześliczną jak słonko.
Pragnąc chrzest uświetnić królewnej jedynej,
król dwanaście wróżek zaprosił na chrzciny.
Tak go zagadały nadworne niewiasty,
że zapomniał całkiem o wróżce trzynastej.
Paradnego marsza trębacze zagrali,
idzie dwór z kościoła do biesiadnej sali.
Już dziecię ochrzczono, sen mu oczka klei.
Wróżki mu składają dary po kolei:
jedna dała piękność, dobroć druga dała,

trzecia wielki rozum dziecku darowała,
ta rzekła: „Bądź grzeczna", ta znowu: „Bądź miła".
Tylko jej dwunasta życzyć nie zdążyła.
Gdyż wtem się z łoskotem drzwi otwarły mocne,
wchodzi ktoś okropny, jak straszydło nocne,
nos, jak dziób puchacza, broda zakrzywiona,
a to była właśnie wróżka nieproszona.
Omdlewa królowa, ze wzruszenia blada,
król za szablę chwyta, a zła wiedźma gada:
– Mała córka twoja, słuchaj mnie, królowo,
aż do lat szesnastu będzie rosła zdrowo,
lecz w szesnastym roku, pomimo opieki,
zrani się wrzecionem i uśnie na wieki.
Ledwo to wyrzekła, wnet wychodzi z sali,
a król i królowa gorzko zapłakali.
Ale nagle wstaje owa wróżka miła,
co to życzyć dziecku jeszcze nie zdążyła.
– Nie trwóżcie się – mówi – tej pory dalekiej,
córka wasza uśnie, ale nie na wieki,
po stu latach bowiem zjawi się królewicz,
który odczaruje najpiękniejszą z dziewic,
i choć cały zamek będzie spał pod czarem,
znów zaszumi dawnym weselem i gwarem.
Odjechali goście, gospodarstwu mili,
król się i królowa nieco pocieszyli,
słychać śmiech królewny, wesołej szczebiotki,
– a król kazał spalić wszystkie kołowrotki,
polecił wrzeciona niszczyć bez wytchnienia
i pod karą śmierci zabronił przędzenia.
Prędko czas przelata, jakby mgła powiewna,
już szesnaście latek skończyła królewna,

mądra, pracowita, dobra, piękna, miła,
rodziców pociechą, kraju chlubą była.
Raz ojciec i matka, z dworem w wielkiej gali
do sąsiada - króla na bal pojechali;
nudzi się królewnie, bo śpią dworskie panie,
więc postanowiła odwiedzić swą nianię.
Staruszka jej niania, najmilsza po matce,
mieszkała od dawna na zamku facjatce;
idzie tam królewna i wchodzi do środka,
a w izdebce słychać turkot kołowrotka.
Król zapomniał bowiem odebrać go starej.
I tak się spełniły srogiej wiedźmy czary.
Dziewczę kołowrotka nigdy nie widziało,
dotyka wrzeciona swoją rączka białą,
a wtem się ukłuła, ach, na ziemię pada,
sztywna, nieruchoma i śmiertelnie blada.

I nagle pod czarem usnął zamek cały:
kot, co chwytał myszkę, koguty, co piały,
strażnicy przed bramą, kucharz i kuchciki,
brytany w swych budach, w pokojach charciki,
muszka, co przelata, zdrój, co w sadzie płynie,
usnął nawet ogień w kuchni na kominie.
Właśnie król z królową z balu powracali
i wchodzili razem do paradnej sali,
lecz skoro czar wionął, oboje kichnęli
i wsparci na sobie na progu usnęli.
Mija rok za rokiem, mknie wiosna po wiośnie,
gdzie stał złoty zamek, wielka puszcza rośnie,
bluszcz i chwast przeróżny porósł zamku mury,
tylko widać z dala szczyt wieży ponurej.
Niejeden z rycerzy pragnął nadaremno
przedrzeć się do zamku przez tę puszczę ciemną,
ale żaden z mężnych wśród tej gęstwi srogiej
nie zdołał przejść nawet do połowy drogi.
Aż raz po stu latach pięknym letnim czasem
młody syn królewski jechał owym lasem,
legendę przypomniał o królewnie śpiącej
i w swym dzielnym sercu uczuł żal gorący,
a więc śpieszy do niej mimo gęstwi srogiej.
Dziw! Przeszkoda każda usuwa się z drogi,
plątanina krzewów przed nim się rozchyla,
a śpiew leśnych ptasząt podróż mu umila;
aż wreszcie wieczorem, iskrzącym gwiazdami,
odważny królewicz staje przed wrotami,
otwarły się przed nim złote drzwi zamkowe.
Znajduje królewicz staruszki alkowę,
patrzy: na podłodze leży cud-dziewica,

złociste warkocze i różane lica.
Ledwo do jej dłoni dotknął się królewicz,
zaraz odetchnęła najpiękniejsza z dziewic,
podaje książęciu rączkę swą toczoną
i mówi z uśmiechem: „Będę twoją żoną".
A tu zamek cały do życia powraca,
jak przed stu latami wre w nim dawna praca,
ocknął się król stary i matka królowa,
prezentuje broń znów gwardia pałacowa,
w stajniach rżą rumaki, w budach psy szczekają,
kuchciki na rożnie pieczeń obracają.
Przydała się uczta, boć to zrozumiecie,
że dwór był zgłodniały najokropniej w świecie.
Jedli więc siarczyście, po szlachecku pili,
sute zaręczyny zaraz wyprawili,
a po zaręczynach huczne weselisko,
co trwało bez mała dwa tygodnie blisko.
I ja z nimi byłem, tańcowałem, piłem,
razem się z drugimi szczerze weseliłem,
po brodzie kapało, w gębie nie postało.
Tak to się na owej uczcie używało...

Spis treści

Wydanie III

Ilustracje, skład, projekt okładki: Wojciech Górski
Korekta: Natalia Kawałko, Elżbieta Wójcik

Wydrukowano w Polsce

Wydawnictwo SBM Sp. z o.o.
ul. Sułkowskiego 2/2
01-602 Warszawa

 www.WYDAWNICTWO-SBM.pl